CUSTOMER CENTRIC

カスタマー
セントリックの
銀行経営

価値共創版

株式会社マーケティング・エクセレンス
戸谷圭子 [著]

一般社団法人 **金融財政事情研究会**

はじめに

　この本の初版を執筆していた2003年春、日本の銀行は、巨額の不良債権の処理[1]にあえいでいた。大型合併、経費削減、法人先への融資金利引上げ交渉、貸出先の選別……。すべての努力は、不良債権を処理すること、目先の収益をあげることに向けられていた。

　2007年の改訂版では、いまこそ顧客の支持を得るチャンスだと書いた。当時は（現在もであるが）不良債権処理が一段落する一方で、大企業への信頼が裏切られる事件（たとえば金融では生保の不払額が5年間で約105万件、総額約858億円にものぼることが判明した）が多発していた。そんな時こそ、真に顧客に寄り添う金融機関に変革するチャンスだった。いくつの銀行がそれを成し遂げただろうか？

　そして2018年、一部メディアでは銀行は斜陽産業の一つとされ、新卒銀行内定者の大量辞退も報道されている。金銭の形態が変われば、金融の姿も変わる。

　現金の社会的コストが問題視されるなか、カード決済は2003年から2016年にかけて、23兆円から54兆円へと倍増し、仮想通貨で決済可能な店舗は国内で30万件を超える。

　ITジャイアンツの金融参入やFinTechベンチャーの台頭など、銀行の代替手段には事欠かない。商習慣や生活者がこれに追いつくのにそれほど時間はかからないだろう。

　日本の多くの銀行がマイナス金利に収益を圧迫され、他業種の参入やAIなど新技術による人員削減におびえている。実際、2001〜2016年に信用金庫

は349から264に、信用組合は247から153に減った。地銀の統合も本格化している。合併・統合なしには生き残れない、と感じている銀行も少なくないだろう。

しかし、生き残りは規模の問題ではない。金融庁はすでに顧客との共通価値をつくれない企業は退出すべしという方針を出している。

私たちが本書で伝えたいことは、共通価値のさらに次の段階、共創価値[2]の創造である。

銀行の存在意義そのものが問われるこの時代に、顧客とともに共創価値を創造できる企業、そのために、真にカスタマーセントリック（顧客中心主義）になれる企業だけが生き残ることができる。

顧客を理解し、顧客を巻きこむ仕組みを提供する力をもつこと、自社・顧客・従業員・地域社会にとっての価値を生産し続ける仕組みをつくることが生き残りのカギになる。顧客と自社の「共創価値」を創造できる企業が繁栄する時代になったのだ。

15年前の初版の時とその真実は変わらない。違いがあるとすれば、すでに顧客がその選択肢に気づき行動を始めていることだ。

いまからでも遅くない。顧客との共創価値を創造する基盤を多くの既存の金融機関はもっている。共創のためのカスタマーセントリックの方法論を、競合他社より先に身につけ、実践することで、このチャンスを生かしてほしい。

［注］
(1) **不良債権問題**　バブル経済の崩壊と以降の景気低迷により、金融機関の貸出先が経営不振などに陥り、回収不能となった貸出（貸付債権）が大量に発生。不良債権残高は増加の一途をたどり、2002年3月末時点で、主要行だけで約27兆円（金融庁発表）の不良債権を抱え、金融機関の経営に大きな影響を与

えていた。

(2) **共創価値**　企業だけではなく、顧客とともに価値をつくるという意味の造語。
詳細は第1章1－2で解説。

はじめに

目　次

第1章　共創価値のためのカスタマーセントリック

1－1　顧客の支持なくして生き残れない時代 ························· 2

1－2　共創マーケティングとは何か ······························· 18

コラム1　金融はテーマパークとは違う？ ····················· 29

1－3　金融マーケティングにはお手本がない ······················· 31

第2章　顧客ロイヤルティと共創価値の高め方

2－1　銀行員らしくなるとどうなるか ··························· 44

2－2　品質が良いかどうかは顧客が決める ······················· 55

コラム2　枠から出られない銀行員 ····················· 62
　　　　　──おうかがいが必要？

2 - 3 なぜ CS ではなくロイヤルティなのか？ ・・・・・・・・・・・・・・・・・・・・ 63

2 - 4 顧客に働いてもらう ・・・・・・・・・・・・・・・・・・・・・・・・・・・・・・・・・・・・・・ 72

2 - 5 共創価値向上のカギを見極める ・・・・・・・・・・・・・・・・・・・・・・・・・・ 76

コラム3　銀行員の常識は世間の非常識　その1 ・・・・・・・・・・・・・・・ 85
　　　　 ――「当たり前のこと」をしただけでも、顧客は怒る

2 - 6 「当たり前」と「魅力的」を区別する ・・・・・・・・・・・・・・・・・・・・・ 86

第3章　金融マーケティング戦略

3 - 1 マーケティング戦略構築のプロセス ・・・・・・・・・・・・・・・・・・・・・・ 94

3 - 2 現在収益でセグメンテーションしてはいけない ・・・・・・・・・・・・ 107

3 - 3 なぜ人は投資信託を買うのか ・・・・・・・・・・・・・・・・・・・・・・・・・・・・ 118

3 - 4 敵は第一地銀？　ポジショニングマップを描く ・・・・・・・・・・・・ 125

3 - 5 ビッグデータは本当に使えるか ・・・・・・・・・・・・・・・・・・・・・・・・・・ 128

コラム4	銀行員の常識は世間の非常識　その2 ················140
	──「名刺は外部に出さないことになっています」

第4章　マーケティング戦術

4－1　ポイント・サービスはなぜうまくいかないのか ···············142

4－2　良い商品がなぜ売れないのか ·······························147
　　　─カスタマー・ジャーニー（顧客の意思決定過程）を知る─

4－3　銀行名だけでは差別化できない？（商品）·····················156

コラム5	銀行員の常識は世間の非常識　その3 ················165
	──「正しい」ことをして、客が減る

4－4　多くの顧客が「金利のファン」だった〈価格〉················167

4－5　良い商品がなぜ売れないのか〈プレイス〉····················173

4－6　良い商品がなぜ売れないのか〈プロモーション〉···············178

4－7　借りてほしくない自動車ローン〈プロセス〉··················184

4－8　不満な従業員では顧客を満足させられない（参加者）··········191

4－9　金融サービスにとってのブランド（有形化）‥‥‥‥‥‥‥‥202

コラム6　顧客にとっての銀行の名前‥‥‥‥‥‥‥‥‥‥‥‥‥‥212

索　引‥‥‥‥‥‥‥‥‥‥‥‥‥‥‥‥‥‥‥‥‥‥‥‥‥‥‥‥‥‥‥‥217

第 **1** 章

共創価値のための
カスタマーセントリック

1-1

顧客の支持なくして生き残れない時代

> **顧客中心主義**というのは、理想論としてはわかる。しかし、銀行は営利企業でもある。何でも顧客のいうとおりにしていたら、企業として成り立つはずがない。
>
> ——某地方銀行の役員

　昔は、金融業界は、顧客のことなど、たいして気にする必要はなかった。世の中みんなが成長していたから、何をしても、そこそこ成功できた。しかも、業界は、がんじがらめの規制に縛られ、守られていた。だれも「飛び抜けた」ことなどできなかったし、やろうともしなかった。だから、顧客にとっては「どこの銀行でも同じ」であった。

　そういう時代、金融業界に「マーケティング」とか「顧客を理解する」といった考え方は、存在していなかった。あったのは、熱心な「セールス」と「お願いしてでも買ってもらう」という姿勢だけ。

　たとえば、銀行の商品開発担当者は、「他行がやっているから」という理由で稟議を書き、似たような商品をつくることに精を出した。いったん商品ができあがったら、売れないと開発部署の面目が立たず恥ずかしいので、現場に目標や予算という名のノルマを課す。現場は、こんなもの売れるわけないと思いながら、それでも「目標は絶対」だから、親しいお客さまにお願い

2　　第1章　共創価値のためのカスタマーセントリック

する。

「社長、従業員さんの分、10人分、新しいカードローンの口座、つくっていただけませんか？」

　顧客のニーズなど完全に無視。それでも、チカラ関係と人間関係で、売れる。しばらくしたら、その商品の販売は目標から外される。当然、売れなくなる。その頃には、商品をつくった人間は、別の部署へ転出している。商品開発を承認する稟議に印鑑をついた役員も、退任して子会社に移っている。だれも責任をとらない世界。だが、銀行の商品の多くは、買った顧客がその場で消費して、「はい終わり」、ではない。預金もローンも、関係は長期にわたって続いていく。いったん発売したら、撤退するのがとても大変なのだ。結局、システムなどの維持コストだけがかさんでいく。一方で出来損ないの商品を保有し続けている顧客は不満を募らせていく。

　銀行が儲かっている間は、それでも良かった。しかし、もう、そんな時代ではない。消費者の「選択肢」は増えた。いまでは金融業界以外の多くの企業が自分たちも金融サービスを提供できることに気づき、実際に提供している。インターネットの発達により、消費者はその気になれば、どんな情報でも入手でき、発信できる。顧客は、不満を感じれば、いつでもほかへ移ることができる。顧客のチカラは格段に強くなっているのだ。

　顧客に支持されなくては、もはやどんな企業も生き残れない時代になっている。

　これからの時代は、真にカスタマーセントリック（顧客中心主義）な企業だけが生き残れる。顧客と自社の共通の価値を創造できる企業が繁栄する時代になったのだ。

1−1　顧客の支持なくして生き残れない時代　　3

こんな話をして、正面から異を唱えられることは、まずない。しかし、総論を離れ、各論に入っていくと、どこへ行っても必ず、こういう人がいる。

「そうはいってもね、何でも顧客のいうとおりにしていたら、企業として成り立たない」「いま存在しないサービスについて、自分のニーズをちゃんと説明できるお客さんなんていない」
　だから、顧客を理解するための基本的な調査など無駄だというのだ。そして、こう続ける。
　「そんな暇とお金があったら、一人でも多くの顧客のところに足を運び、売らなきゃいけない商品を、一つでもたくさん売ってこい！！」

セールスからマーケティングへ

(1)　市場の変化に対する認識

　以前の金融業界の競争はセールス力の競争であった。同じ商品、同じ価格といった画一的な条件下では、差別化できるのは従業員のセールス力だけ。ノルマを設定して個々の従業員に「目標を達成しろ」と号令をかけるのは合理的な企業行動だったかもしれない。しかし、現在は、規制市場のもとでは所与の条件であった商品・価格・販売チャネル・サービス提供プロセスなどを、個々の企業がそれぞれの顧客ニーズに合わせて決定できる。逆にいえば、今後はこれらの意思決定の巧拙が企業収益を左右することになる。

　顧客のニーズは多様化し高度化している。銀行が扱う商品、サービスは自由化以降、資産運用商品を中心に急激に増えた。一方、対応する従業員、特に正社員の数は減少している。競合企業もいまや国内の同業者だけではな

い。IT ジャイアンツや FinTech 企業をはじめとする IT ベンチャー、自由競争のなかをしたたかに生きてきた外資、もともと顧客を店舗に呼ぶすべを心得ている流通小売業など、他業界からの参入者と戦わなければならない。

マーケティング活動で、最初に障害となるのは、この環境変化に対して企業内で認識にズレがあることである。顧客の真の声に耳を傾けない人々はこの環境変化を理解できない。もっと悪いのは、変化をおそれる人々が理解しながら、もしくは理解しているからこそ認めようとしないことだ。厄介なことに、それは過去に成功体験をもつ役員層であったりする。彼らはマーケティングの重要性を認めるとセールスでの成功体験が否定され、自分の権威を脅かされるように感じるらしい。マーケティングは実はセールスの現場をサポートする強力な武器で、現場から待ち望まれているものである。現場の従業員がすでに体感しているように、一生懸命足で稼げば何とかなる市場ではなくなった、という現実を真正面から受け入れることが必要なのだ。

⑵ 本部の役割の変化

このように、時代の要請は顧客と相対したときにいかにうまく売るか、というセールス重視から、どのように組織として売れる仕組みをつくるか、というマーケティング重視に移ってきた。

組織としてマーケティングを行っていくとき、本部の役割についての認識も変わらなければならない。サービス・マーケティングでは、サービスは「劇場」にたとえられる。舞台を成功させるにはさまざまな要素が関係する。良い台本とそれを演じる良い役者、役者の衣装や舞台上の小道具やセット、舞台裏で進行を支える人々や設備などが必要になる。役者（顧客対応をする渉外係やテラー）と観客（顧客）は舞台装置（店・電話・インターネットなどの設備環境）上でサービスを共同でつくりだしている。役者のために衣装や台本や舞台装置を用意し、観客（顧客）を劇場まで呼び込んでくるのは、すべて裏方の役割である。もちろん、観客（顧客）の目には直接触れない舞

1−1　顧客の支持なくして生き残れない時代　　　5

台裏からのサポートが、表舞台で上演されるサービスの成功を左右する。言い換えれば、本部は舞台裏のスタッフで、その役割は表舞台の役者が最高のパフォーマンスを見せるためのサポートである。

　本部は直接顧客と接する従業員を自分たちの顧客と考え、顧客に対するのと同じようにマーケティングを行う。すなわち、彼らのニーズを満たすサービスを開発し、その価値を伝え、提供するのである。私たちは、コンサルタントとして本部と営業店の間の深い溝を現場で何度も見てきたが、結局のところ責任は本部にあると考えている。「素晴らしいサービスなのに顧客がそれをわかってくれないから売れない」というマーケターの言い訳は、顧客への伝え方（コミュニケーション戦略）に失敗したことの告白にすぎない。企業内部でもこれは同じことだ。本部には、自分たちを表舞台の従業員へのサービス提供者、現場の従業員を自分自身の大切な顧客と考えるカルチャー変革が必要である。

フレームワーク1　マーケティングとは何か

　ここでもう一度、マーケティングとは何かを考えてみよう。

　多様な提供者による多様なサービスが存在し、商品内容や価格情報を安易に入手できる社会では、選択権は顧客にあり、企業よりも顧客のほうが力をもつ。日本の金融サービス業界の自由化は1997年に始まり、不良債権処理のメドがついた2004年以降に急速に進んだ。「どうもマーケティングをしなければいけないようだ」という段階から、現在では、「どうマーケティングを実行するか」という段階に移っている。ところが、実際には「マーケティングとは何か」について明確なコンセンサスがある企業は少ない。

　一言でいうなら、マーケティングとは「売れる仕組みづくり」のことだ。

6　　　　第1章　共創価値のためのカスタマーセントリック

金融業界ではいまだに、「マーケティング」は「セールス（日々の営業活動）」と混同されていることが多い。セールスは、セールス担当者が目の前にいる顧客にいかにうまく売るかが課題である。

　一方、マーケティングは単に顧客満足を追求することではない。顧客にとっても、企業にとっても、その他の関係者にとっても「有益」でなければならない。企業にとっても「有益」、言い換えれば、企業価値を生まなければならないのだ。「顧客にとって」の価値を理解し、それが提供できるサービスの仕組みをつくり、顧客に伝え、提供し、顧客との長期的な関係を管理していく。そのために組織としてもつべき機能が「マーケティングという仕組み」である。この共通認識がないと、マーケティングはただの売り込み手段になってしまう。

　セールス担当者が目の前の顧客に価値あるサービスを提供することは、契約のクロージングでしかない。マーケティングはそこまで顧客を連れて来ることから、契約までのプロセス、その後、利用し続けてもらうための仕組みを含めた全体システムをつくることを考える。顧客が買いたくなるような商品・サービスをつくり、顧客が受け入れてくれて収益もあがる価格を設定し、顧客に知ってもらうための広告宣伝をし、その商品・サービスを購入できる店舗やインターネットなどのチャネルを整備する。さらに、手続や事後の口コミなど、顧客にもサービス遂行の過程で担ってもらう役割を明確にして、実際に役割を果たしてもらうためのプロセスをつくる。共創の仕組みをつくること、それがマーケティングの役割なのだ。

　マーケティングの歴史の浅い金融業界でセールスとマーケティングが混同されるのは無理もない。昔のマーケティングはセールス同様、売ることが目的だったのだ。

　もう少し詳しく見てみよう。マーケティングは19世紀中頃の米国の産業革命の頃に生まれ、マーケティングという言葉が世の中に知られるようになったのは20世紀の初めである。それから百有余年、社会・経済環境の大きな変

図表1−1−1　マーケティングとセールスの違い

マーケティングとは
「売れる仕組み」をつくること

対象にしている顧客層（「かたまり」としての顧客）の求めていることを正しく理解し、
顧客がほしいといって手をあげてくれるような仕組み*をつくる
＊仕組み：商品開発、広告宣伝、チャネル開発、業績目標設定・管理、……

セールスとは
「今日の売上げ」をあげること

目の前にいる一人ひとりの顧客の求めていることを正しく理解し、
顧客ニーズにあった商品やサービスを提供する

化に対応してマーケティングも変化してきた。

　ここで、米国のマーケティング協会（American Marketing Association、以下「AMA」）のマーケティングの定義をみてみよう。AMAは会員3万人超を誇る世界最大のマーケティング機関で、実務家・大学教員・マーケティング研究者などを会員とし、書籍や論文誌の発行や研修などを行っている。図表1−1−2が、マーケティングの定義の変遷である。

　定義の改定は、マーケティングの役割の変化を的確に反映している。

　1960年の最初の定義をみると、当時のマーケティングは、企業（生産者）から顧客（消費者あるいは利用者）への一方通行のものだった。商品やサービスに関する情報を流して買ってもらう、買ってもらった商品を届ける企業活動という位置づけだ。

　なぜマーケティングが必要になったのかを考えればわかりやすい。モノ自体が足りず、つくればいくらでも売れるという時代が終わり、先進国の多くで、モノの生産手段が進歩して大量生産が可能になった時期にマーケティングは始まった。企業はマーケティングという方法を使ってつくり過ぎたモノ

図表１－１－２　AMAマーケティング定義の変遷

【1960年定義】
　マーケティングは、生産者から消費者あるいは利用者に、商品およびサービスの流れを方向づける種々の企業活動の遂行である。

【1985年定義】
　マーケティングは、個人や組織の目的を満足させる交換を創造するために、アイデア・製品・サービスの概念化、価格設定、プロモーション、流通を計画し実施する過程である。

【2004年定義】
　マーケティングとは、組織とその利害関係者の利益となるように、顧客に価値を創造・伝達・流通し、顧客との関係を管理するための組織的な機能や一連のプロセスである。

【2007年定義】
　マーケティングとは、顧客、依頼人、パートナー、社会全体にとって価値のある提供物を創造・伝達・配達・交換するための活動であり、一連の制度、そしてプロセスである。

を「うまく売る」、ということが必要だったのだ。この時の顧客は、企業からの働きかけを受けて反応するだけの受動的な存在とされていた。定義も、企業視点のものになっている。

　1985年の定義で、マーケティングは一方通行から双方向に変わる。社会が成熟するにつれ、顧客の力が強くなり、企業と顧客は対等な立場で交換を行えるようになった。企業・団体（組織）だけでなく、「顧客（個人）の目的を満足させる交換」をする必要が出てきた。顧客が商品・サービスの購買から得られる価値をつくらなければ、企業は顧客から対価をもらうことはできない。売上げや利益をあげるという企業側の一方的な目的を追求しているだけではダメなのだ。

　マーケティング・ミックスの４Ｐ（商品：Product、価格：Price、プロモー

1－1　顧客の支持なくして生き残れない時代　　9

ション：Promotion、流通：Place）という現在でもよく使われるフレームワークがこの定義で登場している。

　さらに、それから約20年後の2004年に３度目の定義の改定が行われた。マーケティングの対象者が、個人と組織という２者のみだったのが、組織とステークホルダー、と範囲が大きく広がったのである。ステークホルダーには、顧客はいうまでもなく、従業員・債権者・株主・地域住民企業・行政・サプライヤーなどの取引先企業も含まれる。

　もう一つ、マーケティングの役割を、交換から、顧客との関係の管理、とした点が前回との大きな違いである。顧客に製品やサービスを売って終わりではなく、長期にわたってその顧客との関係性を維持することが視野に入っている。

　この考え方から生まれたのが、顧客関係性マネジメント（CRM：Customer Relationship Management）だ。先進国の経済成長の鈍化、地球環境問題の悪化と資源の限界の顕在化……。市場が無限に拡大するものではないことは、すでにだれの目にも明らかになっていた。企業にとっても新規の顧客を獲得するよりも、既存の顧客との取引を大事にして長く取引を続けてもらうことが理にかない、実際にずっと収益率が高いことが研究からわかってきた。

　1990年代には、コンピュータの性能が飛躍的に向上し、企業は顧客の取引データを含めさまざまな情報を蓄積できるようになった。そのデータを分析してマーケティングに利用する方法も多数開発された。そういった社会や技術の変化が、関係性マーケティングの誕生を後押しし、マーケティングの定義の変更を促した。

　このように、2004年に大きな改定があったにもかかわらず、わずか３年後の2007年に再び、マーケティングの定義は書き換えられる。

　これは、2004年の定義が、読みようによっては組織（企業）が顧客を管理

10　　　　第１章　共創価値のためのカスタマーセントリック

するという"上から目線""組織目線"になっているという批判を受けたためである。そのため、管理ではなく、活動という表現に変更されたのである。その活動とは、価値を創造・伝達・配達・交換する活動である。

　2007年の定義の最も大きな変更点は、マーケティングが扱う価値を、社会にとっての価値、としたことだ。現代では、企業活動は以前よりも厳しい社会の目にさらされている。フェアトレードをしていない企業、劣悪な労働条件のもとで従業員を働かせている企業、環境破壊をしている企業、不正な会計処理をしている企業などが、厳しい社会的批判を受けている。情報技術の進歩、特にインターネットの普及によって、ブログやSNSなどを使った消費者の情報発信力が強くなった。企業が社会の利益に反することをしていれば、その行為は素早く広範囲に伝わる。逆に、社会に貢献していれば、それも素早く広範囲に広がり、支持してくれる顧客が増える。

　現代はどのような企業でも社会のメンバーとして、社会的責任を果たすことが求められる。なかでも金融機関は、経済の基盤になる金銭を扱っていることから、企業や人々の生活への影響が強く、果たすべき社会的役割も大きい。

　長らく護送船団方式のもと大蔵省の管理下にあった金融業界がマーケティングを始めたのは1990年代後半。20年を経て、金融業界はAMAの最新定義に追いついただろうか？　あなたの銀行はどの段階にいるだろうか？

メッセージ

　マーケティングとは「売れる仕組みづくり」であるという共通認識を社内につくらなければならない。新商品・サービスを開発するうえでの経営のリスクを減らすためにも、顧客を正しく理解することが必要になる。

1-1　顧客の支持なくして生き残れない時代

フレームワーク2　カスタマーセントリックとは？

　自己資本比率を何％にする。ROAを何％にする。個人ローンをいくら伸ばす……。というのは、戦略でも戦術でもない。それは「目標」にすぎない。戦略とは、その目標を達成するために、経営資源をどう準備し、振り分け、活動させるかということ。そして戦術とは、そのための具体的な施策（アクション）である。

　カスタマーセントリック（顧客中心主義）は、その戦略を構築し、戦術を実行する際の基本理念である。「お客さまは神様です」と唱え続ける精神論でもなければ、「弊社は常にお客さま第一で取り組んでいます」というような、ホームページやディスクロージャー誌に彩りとして添えてあるお題目でもない。

　「企業が、ある戦略や具体的施策を採用するかどうかという意思決定の基準を、顧客に置く」ことが、カスタマーセントリックの基本的な考え方である。どんな戦略や戦術も、顧客が支持してくれない限り、必ずいつかは破綻する。企業が「こうすれば儲かりそうだ」と考えるときに、「こうすれば、こういう理由でこれだけの顧客が支持してくれるから、長期的にも、儲かりそうだ」というように「根拠」を顧客に求めるもの。それが、カスタマーセントリックである。

　この10年間にカスタマーセントリックは次の次元に入った。企業のリソースは無限ではない。顧客を理解してそれに基づくサービスを一方的に提供する方法では限界は見えている。共創、すなわち、顧客に自社資源の一部になってもらって、顧客とともに価値を生むサービスにつくりあげていくことが、企業の生き残りのための必須条件になったのだ。共創のためのカスタマーセントリックの時代となったのである。

12　　　　　第1章　共創価値のためのカスタマーセントリック

図表1-1-3　カスタマーセントリックへの変革

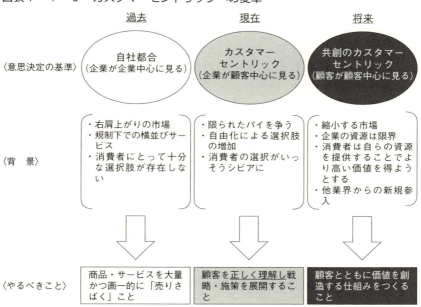

　マーケティングの課題も、いかに顧客に共創活動に参加してもらうかに変わった。カスタマーセントリックとはそのための方法である。顧客を正しく理解し、その理解に基づいて、「やるべきこと」と「やらないでいいこと」を決めるという、現実の世界の戦略論であり、それを具体的な施策に落としていく戦術論といってもよい。

　「顧客を正しく理解」し、「顧客に参加してもらう」ためにはマーケティングのスキルやノウハウが必要となる。日本の金融業界には、こういう考え方が十分に浸透しているとはいえない。しかし、マーケティングのスキルは「生き残る」ための条件であると同時に、競合他社より先に身につければ、一歩も二歩も先んじることができる、飛躍のカギでもある。

1-1　顧客の支持なくして生き残れない時代

| 事例 | カスタマーセントリックを具体的な施策に
――カリフォルニア・フェデラル銀行

「ディズニーランドに行ったことがあるか」

　いまからもう20年近く前になるが、現在はシティグループに買収され消滅したカリフォルニア・フェデラル銀行（以下「カルフェッド」）を私たちが訪ねた時、同行のスコット・キスティング氏は、初対面の挨拶もそこそこに、いきなりディズニーランドの話を始めた。彼には新しく採用した行員に必ず披露する異業種の話がいくつかある。ディズニーもその一つだという。

　「ディズニーランドの駐車場はものすごく広い。だから、１日に10人ぐらいは、どこに駐車したのかを忘れる人が出てくる。そういう人を見つけると、ディズニーの係員は朝何時頃来たかと尋ねる。実は、ディズニーは、何時頃の来場者をどこに誘導して駐車してもらったかを毎日記録しているそうだ。その記録に基づいて、駐車した場所へと笑顔で案内する。何万人の入場者のうちのたった10人のために、そこまでコストをかけて面倒をみてあげる必要はないかもしれないが、ディズニーは、来場者にまた来たいと思ってもらうことに全力を注いでいる。楽しい１日の終わりに車が見つからなくて不愉快な気分になったら、せっかくの楽しかった思い出が消えてしまう。そのような思いをさせないため、"覚えていないのですか"と客を責めることは決してしていない。ディズニーランドの顧客リピート率は、ほかの似たような施設に比べて、格段に高い」

　「ホテル業界で有名なのが、リッツカールトン・ホテル。彼らは、自分たちの施設から出たゴミを一定期間、捨てない。顧客が大事なものを間違って捨ててしまっても、取り返しがきくようにという配慮である。そして、頼まれれば、たとえ真夜中でも、ゴミ箱を引っ繰り返して、顧客がなくしたものを捜し求める。宿泊料金は決して安くないが、客室の稼働率は高い」

　「顧客サービスの質の高さで有名な高級デパート、ノードストローム[1]に

も、もはや「伝説」になっている逸話がある。車のタイヤの返品を、何の理由も聞かずに受け付けたという話である。ご存じのように、ノードストロームではタイヤは扱っていない」

異業種の「カスタマーセントリック伝説」をひとしきりしゃべった後、キスティング氏は、カルフェッド自身の話を始めた。

「ディズニーの精神にならい、カルフェッドでも顧客のミスを絶対に責めないというルールを決めた。それまで銀行は、たとえ銀行のミスであっても、顧客に対して、銀行のミスだという証拠を出せと要求することさえしていた。しかし、それはサービス業として明らかに間違っている。カルフェッドの行員には、お客さまを疑わないように教育している。何かトラブルがあったときには、たとえそれが顧客のミスによるものであっても、黙って笑顔で、ミスをリカバリーする」

キスティング氏は、グループ執行副社長として、カルフェッドのリテールバンキング部門を統括していた。顧客とのリレーションシップを重視するハイタッチ戦略で名高いノーウェスト出身である彼は、カルフェッドに移って以来、顧客へのサービスレベルを上げるためのさまざまな具体的な施策を導入している。

彼の考え方は、非常にシンプルだ。営業店はサービスの場であると同時に、セールスの最大のチャンスが生まれる場でもある。だから、「この店にまた来たい」と顧客が思うことは、セールスチャンスが広がることを意味する。また来たいと思ってもらうためには、常に顧客の期待を上回るサービスを提供する以外にない（図表 1 - 1 - 4）。

たとえば、窓口が最も混む時間帯である11時から13時までの間、テラー（窓口担当者）はだれも絶対に昼食休憩をとらないシフトを組んでいる。顧客

1-1　顧客の支持なくして生き残れない時代　　15

図表1-1-4　カルフェッドの戦略

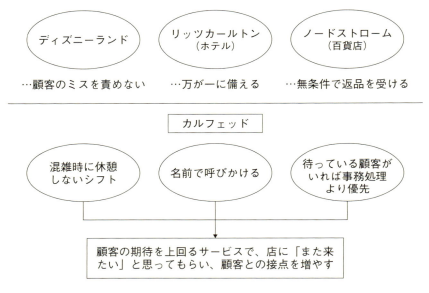

との応対に笑顔を欠かすことはないし、必ず顧客に名前で呼びかけるようにしている。カリフォルニアは米国でも特に移民が多く、発音しにくい名前も多いが、むずかしい発音にあえてトライすることは、顧客に親近感を抱かせ、話がはずむきっかけにもなるそうだ。また、並んで待っている顧客がいる間は、顧客への応対が常に優先される。待っている顧客がいるのに、テラーが席を外したり、電話に出たり、下を向いて事務処理をしたりすることは許されない。

カルフェッドにとっての「カスタマーセントリック」は、「ディズニーをお手本にしなさい」という精神論で終わってはいない。精神論を、自行の現実と顧客に適用し、「具体的なアクション」として展開している。そしてそれらの施策の結果として、顧客が「また来たい」と思ってくれて、セールスが増え、収益を向上させるという戦略なのである。

> ## メッセージ
>
> 時代は変わった。顧客を正しく理解し、その理解に基づいて顧客とともに価値をつくるための戦略・戦術を立てるという「カスタマーセントリック」が何よりも必要な時代になっている。

[注]

(1) **ノードストローム**　中〜高所得層を主な顧客層とする全米最大規模の百貨店（衣料中心）チェーン。顧客サービスの品質の高さは伝説的ともいえるほど有名。

1-2

共創マーケティングとは何か

> 渉外係がどの顧客を訪問して何を売ればよいか、テラーが店に来たどの顧客に何を勧めれば買ってくれるか、それがわからないならマーケティングなんて役に立たない。
>
> ──某地方銀行の営業担当部長

　AMA の2007年の定義（図表1-1-2）から、時代が止まったわけではない。その間も社会は変化し続けている。

　2018年現在のマーケティングの方向性は、名づけるなら、「共創マーケティング」となるだろう。

　共創とは、お客さまと企業が共に価値をつくるという意味の造語である。顧客が自身の労力や知識や物理的な資源を能動的に出して、企業とともにサービスの生産・消費活動に参加する。その参加によって、結果的に、企業も顧客もより高い価値を得られる、そんなマーケティングのことを共創マーケティングという。

　ロイヤル顧客は、製品のアイデアやサービスの改善点を教えてくれたり、ほかの人に口コミで勧めてくれたりする。だが、共創はロイヤルティより強力な武器になる。

18　　　　第1章　共創価値のためのカスタマーセントリック

なぜ、共創がそれほど強い武器となるのかを説明しよう。

2004年の顧客関係性マネジメントは、商品・サービスを提供する企業側が顧客を管理するという色合いが強く、提供企業視点であった。2007年には管理という表現ではなくなった。しかし、社会にとっての価値をつくる主役は依然として提供企業側であった。現在の主役は、企業＋顧客なのである。

CSR（Corporate Social Responsibility）は企業の本業とは切り離された社会貢献活動であるがために、ある種の寄付ととらえられており、業績が悪くなると容易に打ち切られてしまう。それでは長続きしない。マイケル・ポーターは「共通価値」（CSV：Creating Shared Value）の創造を提唱する。共通価値は企業が本業を通じて、本業で儲けながら、社会に貢献するビジネスを行うことをいう。

ポーターはCSVの例として銀行をあげ、次の三つの方向性を提示している。
① 財務体質改善による顧客価値増加
② 融資による地域経済の成長
③ 世界的な課題解決のための融資の実施

2017年、金融庁の森信親長官が「FinTechは共通価値を創造できるか」と題したコロンビア大学ビジネススクールでの講演で、ポーターの論文に触れて、金融機関と顧客との共通価値の創造を示唆したことは記憶に新しい。

いわんとしていることは共通しているがサービス・マーケティングでは共通価値よりもさらに顧客の能動的サービス参加を重視した「共創価値」のほうが知られている。

顧客やステークホルダーと共通の価値を見出し、価値を一緒に創造していくビジネスの仕組みをつくることがこれからの企業の役割になるということである。

フレームワーク　共創価値をつくる

　共創マーケティングは何を目指すものなのか。
　共創活動の結果、関係者は価値を受け取ることができる。これを「共創価値」と呼ぶ。
　ポイントの1点目は、共創が起こる関係は直接の提供者と被提供者のみに限定されず、共創のエコシステム内のさまざまな関係者の間で起こる、ということだ。
　共創は基本的に図表1-2-1の三角形の頂点の3者の間で生じる。企業

図表1-2-1　共創のエコシステム

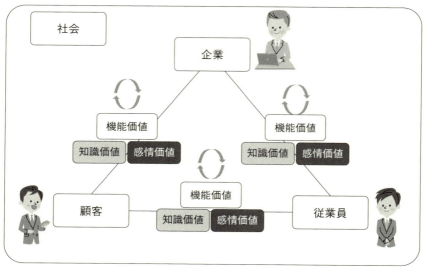

（組織）・従業員・顧客である。企業（組織）と顧客、企業（組織）とそこで働く従業員、従業員と顧客の間で共創関係は成立する。実際のビジネスでは、これに社会、すなわちステークホルダーであるサプライヤーや販社、株主、行政機関、地域企業や地域住民などが加わり、複雑で広範なネットワークのなかでビジネスは成立している。ステークホルダーは、ネットワークのあちこちでつながり、共創する相手になりうる。

　地域のある企業が活性化すれば、そのサプライヤーや販社の活性化につながる。そこで働く従業員の給与が上がり、購買力が上がれば、地域経済が活性化し、地域の企業が潤い、地方自治体の税収も増える。

　もう一つのポイントは、共創される価値は必ずしも経済的な価値とは限らないという点だ。では、共創される価値にはどのような種類があるのか？
　共創価値には基本的な機能の価値と、知識の価値、感情の価値の３種類がある。機能価値は、サービス提供者がその価値の提供を事前に約束しているコアサービスから生まれるもので、契約関係のなかに明示的に含まれている

図表１−２−２　三つの共創価値

機能価値 FV	企業がそのビジネスでコアサービスとして、提供することを事前に約束し、顧客が対価を支払って購入する基本的な価値
知識価値 KV	企業や従業員の活動、顧客の知識やスキル向上に作用し、逆に顧客に関する知見が企業側に蓄積し、Co-production や Co-creation に結びつくことによる価値
感情価値 EV	企業・従業員・顧客の相互作用が生み出す正の感情がモチベーションを向上させ、Co-production や Co-creation に結びつくことによる価値

1−2　共創マーケティングとは何か

ものである。ちゃんと提供されて当たり前だと顧客は思っているし、企業も
そのクオリティに気を配っている。タクシーでいえば、利用者をある地点で
ピックアップして、目的地で降ろし、事前に約束された料金を請求する部分
になる。

　一方、知識価値や感情価値は実はとても重要であるにもかかわらず、機能
価値のように契約書に書きにくく数値化しにくい。財務諸表にもあがってこ
ない。

　知識価値は、互いに関する情報やデータが蓄積して価値のある知識となっ
たものを指す。企業が顧客のことを知れば知るほど、好みにあわせた製品や
サービスを提案できたり、顧客が企業のことを知れば知るほど購入手続が楽
になったりうまい使い方を発見したりできるようになる。たとえば、アマゾ
ンは顧客の取引履歴をデータとして蓄積して、膨大なデータを分析すること
で、顧客の好みの本やビデオをメールや Web 上でオススメする。逆にヘ
ビーユーザーが製品やサービスの改善点を提案してくれることもある。これ
らは知識の価値である。

　感情価値は、関係者の相互作用のなかで生まれる短期・長期の感情の価値
である。サービスを受けるとき、人は会話を楽しいと思ったり、相手の示し
てくれる配慮にうれしくなったり、機能やデザインに感動したり、安心を感
じたり、その企業の製品・サービスを購入することを誇りに思ったりする。

　これらの共創価値は、顧客と従業員の間でも、顧客の間でも、企業と社
会、従業員と社会の間でも生まれる。いかに共創価値をつくりだす仕組みを
つくっていくかがこれからの企業の成功のカギだといっても過言ではない。

　共創とは、顧客を経営資源と考えることでもある。経営資源を提供するこ
とで、顧客自身もより高い価値が得られるからこそこれがビジネスとして成
立する。

事例1　顧客と共創するシェアリング・サービス

　共創の代表的な例はシェアリング・サービスである。シェアリングでは主役になるのは消費者同士だ。ライドシェアサービスを提供するウーバーやリフトでは、ある人が自分の空き時間に、自分の車を自分で運転して、移動したいと思っている別の人を乗せてあげて、対価を得る。シェアリング企業は、個人と個人を結びつけ、価格・ルート・決済の仕組みを提供して、その仕組みを運営することで収益を得る。民泊サービスのエアビーアンドビー（Airbnb）では個人の所有する遊休不動産とそれを使いたい人をマッチングして、手数料収益を得る。旧来ビジネスなら企業が用意する車や部屋、その運転や管理をする人、という経営資源を、顧客側が提供してくれる。

　極端にいえば需要と供給のギャップを埋めているだけだ。商社は昔からこれをやっている。では、なぜシェアリングはこれほどブームになっているのだろうか？　これにはいくつか理由が考えられる。

　一つは、資源が無限ではない、ということに多くの人が気づき始めたことだ。作っては売り、買っては捨てる、というサイクルを続けてきたことが、どんどん地球環境を悪化させているのではないか、やがては資源を枯渇させ、気候変動を生み、人間がまともに住めないような環境になるのではないか、そういった危機感が高まってきている。たとえば、自家用車の日本での普及率は2017年で79.1％だが、それらの車は9割の時間は駐車場に置かれたまま使用されていない。これ以上車を買い替えたり、新たに買ったりすることははたして良いことなのか？　9割の時間の一部でも、その車をほかの人に使ってもらったほうが世の中のためになるのではないか、そんな発想がシェアリング・サービスの根底にある。

1-2　共創マーケティングとは何か　　　23

もう一つは、集合知を利用する仕組みである。ウーバーの利用料金はタクシーより安いが、安いからといって知らない人の車に乗るなんて怖い、と思う人もいるだろう。そのため、ウーバーには、利用した人が運転手を評価する仕組みがある。利用者からの評価が基準より低いドライバーは契約を解除され、優良ドライバーしか残らない。これまで利用者は、よく名前を知られている大企業だから、テレビ CM などでよく見かけるブランドだから、といった理由で安心を感じていたが、シェアリングでは多くの利用者の評価が積み重なることで品質を維持し、利用者に安心を提供する。数少ないプロの目利きではなく、多数の一般人の知の集合、集合知を活用するビジネスでもある。

　さらに、こういったビジネスの土台には、インターネットを中心とする情報技術の進展と普及がある。車や運転サービスを提供したい人、空いている部屋を貸したい人と、それを一定の手数料を払って利用したい人、その両者をつなぐ、リアルタイムで、かつ、使い勝手が良い場をつくることができたのは IT 技術のおかげだ。目的地に到着すると、料金は事前に登録したクレジットカードに自動的に課金されるので、ドライバーと支払のやりとりをする必要はない。清算に時間がかかったり、チップをめぐるトラブルもない。同時に、スマートフォンの GPS 機能を使って、利用者も運転手もお互いがいまどこにいるかがリアルタイムでわかるので、ピックアップの失敗も少なく、ナビによって素人のドライバーでも道を間違えずに目的地に着ける。すでに、アプリケーションを使ってなんらかのサービスを利用することやナビを使い慣れた人が十分いたことも成功の重要な条件であった。

　シェアリング・サービスは、関係者がビジネスに必要な資源を提供してくれるからこそ成立する。ウーバーやエアビーアンドビーでは個人が車と運転サービス、部屋と清掃などのサービスを、利用者はスマートフォンのアプリ

を利用しての予約や利用後の評価という労力と知識を提供し、企業はマッチングの仕組みを提供する。ここでの資源はモノに限定されない。クラウドファンディングのマクアケ（Makuake）では、出展された商品・サービスに対して利用者が自分の好みや態度という情報を提供し集合知を形成する。これらがそろってはじめてビジネスになる。

事例2　金融で感情価値をつくる

　金融業界でもシェアリング・サービスの一形態、FinTech の一つでもあるクラウドファンディングが台頭してきている。スタートアップの資金から、新商品・サービス開発、地域や社会貢献活動資金まで、さまざまな目的の資金調達に対するものが出てきており、その手法も、寄付型、購買型、融資型、ファンド型など多様である。購買型であれば、新商品・サービス案をネット上で提示し、買いたいと思った顧客が製造・販売前に商品を購買する。顧客は本生産・販売に入る前に割引価格で商品・サービスを手に入れることができる。融資型やファンド型であれば商品・サービスの成功に応じて金利や配当が得られる。

　しかし、金融はそもそも金銭の需給ギャップを埋めてきたはずだ。はやりのクラウドファンディングは何が違うのか？
　それは、彼らのサイトを見れば一目瞭然だ。そこで資金を集めるプロジェクトや商品は、商品への情熱や際立ったコンセプトへのワクワク感、困っている人を助けたいという思いなどから生まれたものがほとんどである。資金提供者に対しての彼らのメッセージも、「この価値を世の中に届けることに参加しませんか」「価値を一緒につくっていきましょう」という、コンセプトへの共感を訴えるものなのである。

1－2　共創マーケティングとは何か　　25

代表的なクラウドファンディング・サービスから以下にいくつか例を示した。

・片渕須直監督による『この世界の片隅に』（原作：こうの史代）のアニメ映画化を応援…マクアケ

・ぜん息の子どもと親の負担を減らしたい。新しい治療法への挑戦…レディーフォー（Ready for）

・黒人音楽500年の歴史を紐解く秀作絵本『i see the rhythm』を翻訳出版したい！…グリーン（GREEN）

・仮想通貨取引による税金の悩みをゼロにするサービスを正式公開したい！「大好きな仮想通貨コミュニティに貢献したい」という思いから…キャンプファイヤー（CAMPFIRE）

　これを読んでいるあなたが銀行員なら、融資稟議が書けそうなものはない、と思われたことだろう。ファンディングという言葉は、銀行融資との競合を想起させるが、現状ではまったく競合していないのだ。

　なぜなら、金融業界は彼らの訴求するような「感情価値」を軽視してきたし、いまもしているからである。重要なのは、財務数値や、数値に換算可能な担保物件だ。すでに金融庁は担保・保証重視を脱却し、事業そのものを評価した融資への転換を強く促している。しかし、その実現には時間がかかるだろう。銀行員のほとんどが金融は合理的サービスであって、感動体験を演出するなどというのは老舗旅館やアミューズメントパークの話だと思っている。成熟した社会が求める価値が、すでに精神的なものに移行しているという事実についていけていないのだ。そのため、クラウドファンディングが社

会の共感を呼ぶ理由がわからない。少なくとも、自分たちのビジネスの対象ではないと信じて疑わない。

　とはいえ、そのことに気づき始めた金融機関も一部である。地域密着型の金融機関の一部は、クラウドファンディングのマクアケやセキュリテと共創関係を結んでいる。金融機関の顧客企業の新商品・サービスのテスト・マーケティングのサイトとしてこれらのクラウドファンディング企業を使っているのである。テスト・マーケティングは顧客企業にとってリスク削減になるし、新製品・サービスの評判が良ければ金融機関は融資を行いやすくなる、というものだ。一般消費者の意見を代表するわけでもない数名の金融機関職員が融資判断を行うのではなく、潜在購入層の顧客の多数意見で判断するほうが合理的と割り切った結果である。

　目利きのできる金融機関職員が不足している現状からして、その判断は正しいかもしれない。しかし、銀行の姿勢はそれでいいのか？　という疑問も生じる。三つの共創価値（図表１－２－２）で説明したように、感情価値はサービスの価値のなかの重要な要素の一つなのだ。銀行は、社会の求める価値が機能よりも精神面に移行していることを考慮し、その重要性をより認識する必要があることは確かである。

メッセージ

　関係者が参加し、共に価値をつくり、価値を得る、「共創マーケティング」の時代になった。三つの共創価値、すなわち機能価値・知識価値・感情価値を継続的に創造し続ける仕組みをつくるのが企業の役割だ。

１－２　共創マーケティングとは何か　　27

［参考文献］

Porter, M. E. and Kramer, M. R. (2011), "Creating Shared Value," Harvard Business Review, (Jan-Feb), 62-77.

Toya, K. (2015), "A model for measuring service co-freated value," MBS Review, No.11, 29-38.

| コラム1 | 金融はテーマパークとは違う？ |

「銀行で感動体験なんて無理です。テーマパークとは違うんですから」

　多くの銀行員がそう思っている。そうやって自らに枠を設定し、ビジネスの可能性を制約してしまっているのだ。

　米オレゴン州ポートランドに本社を置くダイレクトバンクのシンプル（Simple）の顧客の声を聞くと、それは思い込みだ、ということがわかる。

You guys are so awesome! I don't know how I got along without Simple. —— Cutler F.
素晴らしい！　シンプルなしではもうやっていけないよ。

Can you imagine calling your bank and having a really positive experience every time？ It's not a fantasy, it's @simple. —— Randall B.
銀行に電話して、毎回、ポジティブな経験をするなんて想像できる？　嘘じゃなくて、@simple だとそうなんだよ。

It's so easy to use, looks wonderful, and it makes saving and budgeting FUN. I'm excited every payday because I get to fill up those goal bars! —— Brett H.
使いやすいし、見た目もステキ。お金を貯めたり、予算を立てたりするのが「楽しいこと」になった。給料日には、立てた目標に到達したのをゴールバーで確認してうれしくなるよ。

Simple seems to focus on staying with or a bit ahead of the curve. When was the last time you said 'wow, this bank uses technology effectively'？ —— Michael P.
シンプルは時代の先端にいることにこだわってるね。「ワーオ、この銀行、テクノロジーをちゃんと使ってるじゃないか」って、君が最後に思ったのはいつ？

The longer I use Simple the more I love it. I am excited to finally see some innovation in the banking space. I can't wait to see what you guys have in store. —— Greg W.
シンプルは長く使えば使うほど好きになる。バンキングで次にどんなイノ

1－2　共創マーケティングとは何か　　　　29

ベーション出してくれるのか、って*興奮する*し、*待ちきれない。*

　このように好き、感動する、興奮するといった利用者が素直な感情を吐露する言葉が並んでいる。

　シンプルは日本でいう銀行代理業の決済サービスで、利用者はスマートフォンと手数料無料の Visa デビット一体型キャッシュカードで使用する。文字どおりシンプルさが売りである。創業者がいら立ち続きの自分の銀行経験から、ムカつかない銀行をつくるというコンセプトでスタートした。

　スマートフォンのアプリを使った簡単な手続で、計画的に支出や貯蓄ができるサービスを提供している。しかも、ただ簡単なのではなく、お金に関する経験を楽しむことにこだわった設計がされている。たとえば、買いたいものがあって、そのための目標貯蓄額を設定すると、到達度合いがバーで表示される。米国人の家計支出は、クレジットカード払いが大半を占めるので、カード利用歴から家計簿も毎日自動作成される。これをシンプルなグラフで示し、自分の支出の内訳が一目でわかるようになっている。シンプルの特徴は情報技術を駆使しているだけではない。先の利用者コメントにあるとおりコールセンターの応対という人的対応についても絶賛されている。

　金融業界は変革のスピードが遅いといわれる。なかで働く人間も「なかなか変わらないんですよ」と口々にいう。この業界では、変わることのリスクより、変わらないことのリスクのほうが小さいという時代が長く続いてきた。そのために、変革に対する強いアレルギーがあり、自分たちの慣れ親しんできたもののなかに閉じこもろうとする。

　しかし、本当に顧客が望んでいることがその枠のなかでは実現できないとき、枠から踏み出すことを躊躇していてはいけない。

30　　　　　第1章　共創価値のためのカスタマーセントリック

1－3

金融マーケティングにはお手本がない

> マーケティングが必要だといっても、何のベースもない。体制を整えるのに何年もかかったのでは出遅れてしまう。他の業界に教えてもらうほうが早いんじゃないか、そう思って、消費財メーカーからいろいろ話を聞いてみたりしたのですが、何か違うような気がします。
>
> ──某地方銀行の企画部長

　金融マーケティングに携わる者にとって厄介なことは、お手本にできるものが少ないことである。本屋に行けばマーケティングの本は数え切れないほど並んでいる。マーケターという肩書きをもつ人間も、マーケティングのコンサルティングをできるというコンサル会社もいくらでも存在する。だが、本を読んでもしっくりこない。ほかの業界のマーケターやコンサルタントと話しても何だかずれている。なぜなのか？

　マーケティングはモノの財[1]を扱う分野から始まり、産業のサービス化に伴って、サービス財[1]分野に広がってきた。サービスとモノとの違いが明確に意識され始めたのは1970年代になってからである。サービスには特有の性質があり、それを考慮したマーケティングが議論されるようになったのである。

　モノの財のマーケティングの方法を金融サービスにそのまま適用できるか、といえば答えは否である。では、サービス財のマーケティングはという

1－3　金融マーケティングにはお手本がない　　31

と、やはり、金融マーケティングにそのまま適用することはむずかしい。それが、何かしっくりこない、ずれていると業界人に感じさせる原因である。もちろん、これまで蓄積されてきたマーケティングの手法で金融サービスに適用できることは多数ある。だが、これから開発していかなければならない部分のほうがはるかに大きい。マーケティングのスキルはもとより、モノや一般のサービスと金融サービスの性質の違いを十分把握し、業界内部のカルチャーまで含めて、金融ビジネスを知りつくした人間でなければ、金融マーケティングを実践していくことはむずかしい。

| フレームワーク | 金融サービスの特徴 |

それでは一般の財と異なる金融サービスの特殊性はどこにあるのだろうか？　それは、扱う財が金銭であること、サービスであることの二つである。

(1) 金銭という財

金融サービスが扱う金銭という財は特殊な財だ。金銭は他のモノやサービスを得る（買う）ための手段である。金銭は媒介財であり、金銭そのものに単独で存在価値はない。もう一つは、金銭の価値はマネーマーケットで常に変動していることである。金融商品は最初に買った後、金銭価値の変動に応じて、流通市場でまた売却することが可能なのである。金融サービスのマーケティングを考えるとき、これら2点を無視することはできない。

① 他の財の購買のための手段

金融商品には、その先に（それがごく近い将来か、遠い将来かはともかくとして）購入したい商品やサービス、すなわち「真の目的」がある。金融サービスは、「真の目的」のために使われる媒介財だ。当然、目的の影響を受け

る。

　自動車ローンを借りる人は車を買いたいのであって、自動車ローンそのものがほしいのではない。自動車ローンを借りるなら買おうとしている車、その買い方に合うローンが必要だ。それが中古車なら、気に入った車を別の客にとられないように早く押さえる必要がある。ローンの審査に長い時間がかかっては困るのである。新車購入のときは、じっくり何カ月もかけて次の車を検討する人もいれば、ショールームに見に行って、ほしいと思ったらその場で決めてしまう人もいる。前者のタイプなら車を探すと同時に、自動車ローンに関していろいろな情報を集め、手続に多少時間がかかっても最も有利なものを選ぶかもしれない。後者のタイプなら金利や手数料はほとんど気にせず、ディーラーが勧めるままにディーラーの提携ローンの手続をその場で行うかもしれない。

　特定の財の購買と直結する金融商品なら、その財に対する消費者の考え方や購買方法を知り、顧客の真の目的の達成（その財を手に入れる）のためにどう役立てるかが重要になる。より将来の漠とした目的のためであるなら、その人のお金に対する考え方や人生設計を理解して、その実現をサポートすることになる。

②　価値変動

　金銭という財は「価値変動」する。紙幣やコインなどの通貨はあくまでも価値をプールしておくための入れ物にすぎない。通貨の材料である金属や紙の価値は通貨の価値とは無関係だ。そこにプールされた価値は世界のマネーマーケットの動向によってたえず上下している。通常の財は時間がたつにつれ磨耗・陳腐化し、価値は減っていく。なかには、絵画や骨董、土地など2次的な流通市場がある特殊な財もあるが、絵画は鑑賞されるものであり、土地は農地として耕作したり、その上に建物を建てて利用したりするなど、本来的な目的と価値がある。金銭は、それそのものに価値はなく、媒介財として流通することが役割である。

株式をはじめとするキャピタルゲインが得られる資産運用商品の多くは、売買が想定されている。過去に購入した商品の市場価値が下がっていれば、顧客は不満にもなる。そしてその不満は、直接の販売者である金融機関に向けられることが多い。たとえば、株であれば発行企業ではなく証券会社に、投資信託であれば運用会社ではなく窓販をした銀行に、といった具合である。市場価値の変動に応じて、繰り返し売ったり買ったりの意思決定をしなければならない顧客に対して、どのようなタイミングでどのようなコミュニケーションをとっていくかは銀行にとって大きな課題となる（図表１－３－１）。換言すれば、適切なタイミングで適切なアドバイスができれば、顧客に銀行の価値を認識してもらえるチャンスになる。

③　企業側が顧客を選択する

　さらに金融の特徴として顕著なのは、与信審査だ。普通は、商品をほしいといってくる顧客に「あなたには売りません」と、企業が拒否することはまずない。しかし、金融では、審査の結果、金融機関側が顧客を選別し、売る（貸す）・売らない（貸さない）を決める。しかも、大抵の場合、与信審査のプロセスは顧客に開示しないので、売らない（貸さない）といわれた顧客の

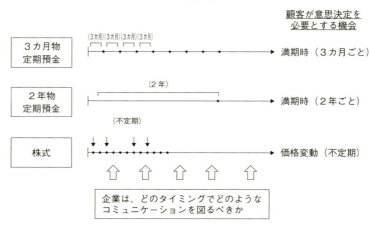

図表１－３－１　サービスにおける意思決定タイミング

多くは理由がわからない。何をどうすれば借りられるようになるかわからない。当然、不満を感じる。この時、マーケティングの役割は借入れが可能になるよう顧客と共創することだ。現時点では借入れができない状態でも、どのように改善すれば借入可能になるかのアドバイスをすることも重要である。法人融資でいえば、事業性評価の際に行う企業分析は、そのようなアドバイスの基礎になる。それも不可能なときは「デ・マーケティング」といって、せめて借入不可能な顧客を減らすためのコミュニケーションをとることが考えられる。通常のマーケティングが顧客を増やすことを目的とするのとは逆に、来てもらった後に断ることで顧客を不満にするより、来てもらわないようにするのである。

(2)　サービスという財

「金銭という財の特徴」をふまえたうえで、次に金融サービスの、サービス財としての特徴を考えてみよう。モノの財とは異なり、サービスには次のような特徴がある。

① 　intangibility（無形性）
② 　heterogeneity（不均質性）
③ 　inseparability（不可分性）──┐
　　　　　　　　　　　　　　　　├──（③'④'不可逆性）
④ 　perishability（消滅性）　──┘

①　無 形 性

モノの財は有形で実体があり、さまざまな外形的基準から客観的に品質を測定することができる。一方、サービス財は目に見えず、さわってみたり、ニオイをかいでみることができない無形財である。そのため、サービス財の品質の良し悪しは利用者の主観的評価によって決まり、客観的に測ることはむずかしい。

1－3　金融マーケティングにはお手本がない　　　35

② 不均質性

事前に製造しておけるモノの財と違い、サービスは品質を均等に保てない。この性質を不均質性という。サービス提供を人が行う場合、自分をよくわかってくれている人が担当してくれれば気持ち良くサービスを受けられるだろう。一方、たまたま不慣れな新人に当たれば、時間がかかり自分のニーズを最初からいちいち説明しなくてはならないし、手際の悪さにいら立つかもしれない。サービスは、いつも同じレベルのサービスが受けられる保証はない。従業員のスキルだけが原因ではない。彼らのその日の気分、居合わせた客の行動、店の混み方など、その場所、その時、に左右されやすいのがサービスだ。

③ 不可分性

サービスは提供されると同時に消費される。モノの財は先に製造され、貯蔵・販売され、その後に顧客に消費される。生産と消費が分離できないこの性質を不可分性という。このため、多くのサービスは在庫ができず、需給調整がむずかしい。不可分性にうまく対処するためには、サービスの提供プロセスを適切に設計して供給のコントロールをすることが重要になる。

④ 消滅性

一般的にサービスは、提供されると同時に消費され、消滅する。顧客はサービスを受けた結果、なんらかの価値を手に入れるが、手元にサービスそのものが残るわけではない。そのため、サービスが提供される場、顧客と従業員が接する場（サービス・エンカウンター[2]）が重要になる。

③'④' 不可逆性

「不可分性」や「消滅性」の裏返しの性質として、「不可逆性」という見方もありうる。サービスはいったん提供されたら元の状態に戻すことはできない。モノの財は返品することもできるが、たとえば専門家からアドバイスを受けたら、それを返して聞かなかったことにすることはできない。しかし、資金移動や融資に関しては、元の状態に戻すことも時には可能である。いわ

ゆる"お金に色はない"ためだ。

　四つ（あるいは五つ）の性質は独立したものではなく、互いに密接に関連している。生産と消費が同時に起こるため、さまざまな要素の事前調整ができず、それが品質のコントロールをむずかしくしている。無形であるがゆえに、その場で消滅してしまい、元に戻すことができなくなる。

　以上は、一般のサービス財の性質であり、金融サービスにそのまま当てはまるわけではない。金融サービスは、無形ではあるが購入された後も消滅しないケースが多い。生命保険や損害保険などの保険商品、定期預金や投資信託などの資産運用商品などは、最初に購入する時にアドバイスや購入手続を行うといったサービスのみではなく、商品をもっている期間はずっと、継続してサービスを受ける。

　不可分性・消滅性の特殊な形態として、サービスには、将来受けるサービスを予約しておくものがある。決済に使うために普通預金口座を開設することは、その後店舗網やATM網を利用して、入出金などの決済サービスを受けるための予約に当たる。

　口座は事前につくるので消費とは分離されているし、口座（カードや通帳）も消滅しない。しかし、顧客にとっての普通預金口座の価値はその後の使用の時に生まれる。

　普通預金などの決済口座も開設後に使用が続く。もっとも、保険などでは顧客の側にサービスを受け続けているという意識があるとは限らない。後述する有形化などの手段を使って、顧客にサービスの価値を思い出してもらう必要がある。

　生命保険は購入後、何事も起こらなければ思い出すこともない商品だ。それだけに放っておけば、解約されたり、他社に顧客を奪われたりする確率は高くなる。そのため、保険会社は、DMを送り、暑中見舞いや年賀状を送って接触を保とうとする。もっとも、ある生命保険会社の顧客を対象に筆者た

図表 1 － 3 － 2　サービス財の四つの特徴　ＩＨＩＰ

Intangibility（無形性）	目に見えない・触れない
Heterogeneity（不均質性）	品質が一定ではない
Inseparability（不可分性）	生産と消費が同時
Perishability（消滅性）	手元に残らない

ちが行った調査によれば、この暑中見舞いや年賀状はほとんど評価されていなかった。

　顧客との接触はただ増やせばよいというものではない。それが価値あるものだと顧客に思ってもらえなければ逆効果になることもありうる。

事例　顧客にとって価値のあるコミュニケーション

　ここで、サービス財の特性から、金融機関の「決済サービス[3]」がもつ意味について考えてみたい。

　振込みや自動引落しなどの決済サービスは、店舗やATM・キャッシュカードなどの有形財を利用して行われるが、コアのサービス（資金を管理したり移動したりするというサービス）はあくまでも無形である。

　その価値は顧客からはわかりにくい。「自分のお金を引き出すのになぜ銀行に手数料をとられるのか？」という、ATM の時間外入出金手数料への不満はそれを象徴するものだ。普通預金の口座維持手数料が顧客に受け入れられにくい理由もここにある。

38　　　　　　第１章　共創価値のためのカスタマーセントリック

本章1－1でも触れたが、シティグループに吸収合併される前のカリフォ
ルニア・フェデラル銀行では、サービスの提供過程に顧客を能動的に参加さ
せるための仕掛けを用意していた。新規口座開設時には、必ず最低30分話を
するというルールを定めていたのである。「あなたにとって最も良いものを
勧めるため、また当行を最大限使っていただくために質問させてください」
と話し始めるのだ。顧客の金融ニーズを聞き出し、プロファイル[4]を作成す
るために15分、それに対して自行が提供できる商品・サービスを説明するこ
とに15分使う。このことによって、顧客に「これから長いおつきあいをして
いきましょう」という銀行の意図をわかってもらおうとしているのだ。ま
た、口座開設後30日以内に2度目のコンタクトがとられる。ただし、その顧
客のニーズに合っていて、かつ何かメリットがない限り、コンタクトはいっ
さいなされない。キャンペーンだからという理由だけでダイレクトメールを
送ったり電話をかけたりすることはしないと、顧客にも約束している。従業
員がそのルールを破った場合にはペナルティが課され、解雇された例も実際
にあったという。

　顧客は自分の情報を正しく伝えるという方法で、サービスの提供過程に参
加し、その情報に基づいて最適な提案を受けるというメリットを享受する。
顧客もお金に関する自分のさまざまな取引情報や好みを伝える労力（コス
ト）を払うことになる。この労力は決して軽いものではない。

　定期預金の満期のような単純なものばかりでなく、「何歳になればいくら
の年金が受け取れるのか、保険にはいくら入っていて、月々の保険料はいく
らなのか、保有している投資信託はどういう種類のもので、いつ、いくらで
購入したのか etc」、こういったことを普段から正確に把握している人はそ
れほど多くない。

　病気になったとき、自分の症状を正しく伝えられなければ、適切な治療を
受けることができない。詳細に正確な情報の提供が得られれば、最適なアド
バイスをすることができる。もちろん、使った労力に見合う見返りがなけれ

1－3　金融マーケティングにはお手本がない　　39

ば顧客は不満を感じるので、期待に応える十分な準備ができていなければ、こうしたアプローチは逆効果になってしまう。

　決済サービスで特徴的なことは、繰り返し使うことだ。顧客は、店舗やATM、インターネットを通じて日頃頻繁に接する決済サービスによって、銀行への基本的な評価を形成する。つまり、銀行にとってはローンや運用商品など、一時の収益性は高いけれど取引頻度の低い商品よりもむしろ、収益性が低い決済サービスのほうが、顧客からの信頼の基盤をつくってきたといえる。だからこそ、銀行はこれまで決済取引を自行口座に集中してもらうことで、メイン銀行としての地位を築き、他の取引に拡大してきた。ところが、近年、コンビニなど他業界からの決済業務への参入やインターネットやモバイルでの決済サービスが増加し、多くの顧客がそちらに移っている。対面での顧客接点はますます減っていく。その貴重な接点は、FinTech 企業の非常に使い勝手が良い家計簿サービスなどに根こそぎもっていかれそうな勢いである。

　目先の利益だけを考えて決済サービスを低収益取引として消極的に扱ってきた銀行は後悔しているだろう。なぜなら、決済サービスの顧客接点、そこから得られる顧客情報は、いまやどの業界もほしがる貴重な知識価値の源だからだ。

　マーケターは、低収益顧客を切り捨てるのではなく、低収益顧客を高収益顧客に変えていくのが仕事だ。そのためには収益機会をこれまでの枠を超えて発見し、プロセスをより顧客志向に改善し、顧客に自ら参加してもらい、見えにくい無形の価値を有形化によって認めてもらうことが必要なのである。

　決済サービスは、顧客との長期的関係を維持し将来の収益を生み出す基盤になりうるものだった。しかし、決済がすでに銀行の専売特許でなくなった

いま、自行のポートフォリオのなかでの決済業務の戦略上のポジションを明確にする必要がある。

メッセージ

　金融サービスは、特殊な世界であり、これまでの消費財やサービスのマーケティングの常識が通用しない場合も多い。「金融マーケティング」に必要な知識、考え方（フレームワーク）、ノウハウなどをしっかりと身につけないと、的外れなマーケティングをすることになりかねない。

［注］
(1) **モノの財／サービス財**　経済学やマーケティングにおいて、商品やサービスを総称して、「財」と呼ぶ。目に見えるモノを「消費財」と呼ぶのに対し、ホテル、タクシー、宅配便などのように、目に見えないサービスを「サービス財」と呼ぶ。
(2) **サービス・エンカウンター**　サービス提供の際、顧客と企業が接する場のこと。顧客と従業員という人的な接触のみでなく、顧客とATMなどの機械的なチャネルの接触も含む。
(3) **決済サービス**　ここでの決済サービスは、クレジットカードや公共料金の自動引落し、現金の出入れ、振込み等、資金移動取引のことを指す。日常的に行われる決済資金の一時的不足に充当するためのローン（カードローンや総合口座貸越など）も含む。これらは通常普通預金（または当座預金）を通じて行われる。
(4) **プロファイル**　顧客の特性やニーズを理解するための情報（の記録帳）。年齢・家族構成・職業・年収などだけでなく、ライフスタイルや価値観などまで含むこともある。

1－3　金融マーケティングにはお手本がない　　　41

第 **2** 章

顧客ロイヤルティと
共創価値の高め方

2-1

銀行員らしくなるとどうなるか

> 米銀の店舗で、窓口のテラーが立って仕事をしているのは、そのほう
> が働きやすいからだと思います。
>
> ——某都市銀行の中堅行員

　カスタマーセントリックで考えることの重要性が理解できたとして、実際
に、金融業界の人間が、本当に顧客の立場で考えることは、どの程度できる
のだろうか。実はこれが、かなりむずかしい。

　私が銀行に入って初めて配属された支店では、朝礼の後、毎朝「発声練
習」が行われていた。ボーナス時期には、「ボーナスは〇〇銀行にお願いし
ます」と、まず、司会者が大声を張り上げる。続いて、支店の行員全員で
「ボーナスは〇〇銀行にお願いします」と唱和するのだ。窓口が開くのは9
時からだが、シャッターの向こう側のキャッシュコーナーは8時45分から
オープンしている。この発声練習はATMを利用している人に丸聞こえであ
る。朝一番から、「ボーナスお願いします」などという声を聞かされるのは
嫌だろうと、当時の課長に進言したが、「そんなこと、お客さんはだれも気
にしてないよ」と一蹴された。あまりの感覚の違いに、少なからずショック
を受けた。しかし、それから何年かたち、すっかり「銀行員」らしくなる
と、その違和感は小さくなった。

　金融業界の人間はもはや顧客には戻れない。その理由は以下の三つである
（図表2-1-1）。

44　　　　　第2章　顧客ロイヤルティと共創価値の高め方

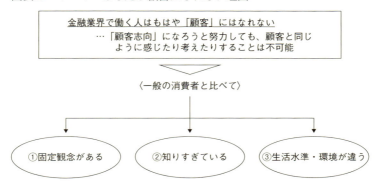

図表2－1－1　あなたが顧客になれない理由

(1) 固定観念がある

　金融業界に限ったことではないが、長年、同じ業界で過ごしていると、だんだん、世間の常識がわからなくなってくる。企業の側からの発想が染み付いてしまう。普通の消費者が「おかしい」と感じることを、そう感じなくなってしまうのだ。一種の職業病である。たとえば、銀行の都合で社名が変わっても、その影響で改定が必要になる書類を顧客に支店まで「持参」してくれと平気でいう。「ほとんどすべての書類に印鑑がいること」に対して、「当たり前」と思っている。

(2) 知りすぎている

　アタマが柔らかい人もなかにはいる。しかし、いくら柔軟な発想ができても、銀行で働いていれば金融商品の仕組みやサービスの内容に関して、一般顧客に比べ、圧倒的な知識がある。投資商品などに関しては、定期的な勉強会も行われる。自社と競合他社の商品の違いも知っている。銀行員に専門用語がわからなくて質問すると、別の専門用語で説明してくるので、結局わからないという話をよく聞く。一般顧客と同じ土俵でものを考えることはできな

い。

(3) 生活水準・環境が違う

「銀行員の給料は高過ぎる」という週刊誌的な批判はともかく、金融業で働く人の生活スタイルや年収が、一般の消費者を代表しているとは思えない。たとえば、支店行員は、セキュリティ上の理由からネット使用が制約されるので、インターネットリテラシーは低い。ほとんどの役員が自行のモバイルバンキングを使ってみたこともない銀行はいくらでもある。また、金融業界で仕事をしていると、自社のサービスを「店の正面の入口から入って」「顧客として」利用することがほとんどない。企業への忠誠心も高いので、他社を利用している人も少ない。マジメであればあるほど、平日は忙しく働いているので、他社を試しに利用してみる暇もない。実は、一消費者として金融サービスを利用する機会が最も少ないのが、金融業界で働いている人たちなのである。

> ### 事例 ┃ カスタマーセントリック度テスト

最近では、銀行もさまざまな店舗レイアウトを試みているが、典型的な日本の銀行のレイアウトはカスタマーセントリックではない。銀行員を対象にした研修の講師をするとき、米国のある地方銀行の店舗の写真を見せ、なぜレイアウトが日本の金融機関と違うのかを考えてもらっている。

この米銀では、店舗に入ると、まず受付カウンターがある。私たちが訪問した時は、若い男性行員が立っていて、顧客が入ってくるとにこやかに挨拶をしていた（図表2−1−2のイメージ）。

ロビーには、L字型をした机が五つ並んでいる。L字の内側に銀行員が座

図表2-1-2　受付カウンター

り、外側に顧客が座るイスが置かれている。これが日本の銀行のローカウンター[1]（顧客が座った状態で相談を行う窓口）に当たる。新規顧客や、投資信託・ローンなど、あらゆる相談がここで受けられる。日本の相談窓口のように、「投資信託のご相談」「ご融資のご相談」というような表示は見当たらない（図表2-1-3）。

ロビーの奥には、一列になった窓口が六つ、こちらを向いている（図表2-1-4）。日本の銀行のハイカウンター[1]（顧客が立った状態で手続を行う窓口）と、つくりもまったく同じ。日本では「普通預金」「ご送金」「外国為替」というように機能別に窓口がいくつかに分かれているのが普通である。この米銀には「Business Services」という法人顧客専用の預金窓口と、「Member Services（その他の一般顧客用）」という2種類の窓口しかない（図表2-1-5）。ハイカウンターの向こうで働いているテラーはみんな立っている（図表2-1-6）。

研修に参加した人たちに考えてもらうのは、次の五つ。

図表2－1－3　ローカウンター

図表2－1－4　ロビー奥窓口―ハイカウンター

① 店に入るとまず受付があるのは、なぜか？
② 窓口のテラーが立って仕事をしているのは、なぜか？
③ 法人顧客専用の預金窓口があるのは、なぜか？
④ 外国為替（外貨両替）の窓口がないのは、なぜか？

図表2－1－5　法人顧客専用預金窓口

図表2－1－6　裏から見た窓口

⑤　個人ローンの窓口がないのは、なぜか？

　それぞれきちんと理由がある。あなたが金融関係者なら、説明を読む前に考えてみてほしい。「カスタマーセントリック度」テストである。

① 店に入るとまず受付がある理由

正答率がいちばん高い問いである。「受付で用件を聞いて、適切な窓口に誘導するため」。だれに聞いても正しい答えが返ってくる。

銀行の店舗に入って、どの窓口あるいはどのフロアに行ってよいのかわからずに、まごついた経験はないだろうか。銀行に勤めていれば、迷うことなどないだろう。しかし一般の消費者は違う。私たちでさえ銀行を辞めて数年たつと、すっかり「普通の人」になり、店内をうろうろすることがよくある。

この米銀でも、もちろん頻繁に来店している顧客はそのまま自分の目的の場所へと足を運ぶ。しかしそうでない顧客は、まず受付に立ち寄って用件を話し、どの窓口へ行けばよいか教えてもらうのである。いわばデパートの入口にいる案内係のようなものだ。

日本の銀行の店頭にもロビー担当者や警備員がいて、ATM の操作方法を教えてくれたり、窓口まで案内してくれたりするが、顧客が困っている様子が見えたら声をかけてくる、という方式が多いようだ。たまたま彼らがいなかったら、途方にくれるしかない。また、必ずしも彼らは金融のことをよく知っているわけではない。教えてもらったとおりの窓口に行ったら間違っていた、ということもよくある。なぜ受付を置いてくれないのだろうか。客としての素朴な疑問である。

② 窓口のテラーが立って仕事をしている理由

最も多く返ってくる答えは「そのほうが動きやすいから」である。顧客視点ではなく、自分視点での回答である。もちろん、「忙しくて座っている暇もない」という理由でもない。この米銀のテラーは自分たちが立っているのが当然だと思っている。よく考えていただきたい。お客さまを立たせておいて、応対するほうが座っているサービス業がどこにあるだろうか？　テラーが立っている脇には足の高い（バーカウンターで使うような）イスが置いてある。疲れたときのために置いてあるのだが、よくできるといわれているテ

ラーは、決してイスに腰掛けたりしないそうである。「お客さまに失礼だから」と彼らはいう。

③　法人顧客専用の預金窓口がある理由

　法人顧客の用件と個人顧客の用件が微妙に異なっていることまでは、だれでも気がつく。答えの多くは「法人の用件に、スペシャリストが応対するため」である。しかし、この窓口は融資の窓口ではない。預金や支払の用件では、それほど「専門性」は要求されず、実際日本の銀行では法人でも決済系の用件はハイカウンターで受けていることが多い。

　では、なぜ法人顧客の専用カウンターがあるのか。法人顧客は１回に持ち込む伝票の数も多く、個人顧客よりも処理に時間がかかることが多いからである。カウンターを分けることにより、個人顧客にとっては、たまたま自分の前に並んだ法人顧客にイライラすることがなくなるし、法人顧客にとっても後ろに並ぶ顧客の目を気にすることがなくなるのである。実際には法人窓口のほうが時間がかかることも多い。しかし、「専用窓口」があるということで、法人顧客が「自分たちが大事にされている」という思いをもってくれるという効果もあると支店長は説明していた。

④　外国為替（外貨両替）の窓口がない理由

　この店舗では、外貨の両替などの外為業務も、預金や振込みと同じハイカウンターの窓口で受け付けている。日本の銀行では窓口は分かれている。外為業務はすべてのテラーができるわけではないので、専門のスタッフが処理を行う必要があるからだ。銀行員たちは「この米銀では、テラーが外為の用件を処理するスキルももっているから」という答えを出してくる。それは半分正しく、半分間違っている。外貨の両替程度なら、テラーがすべて処理できる。しかし、少し複雑な処理が必要なものは、この米銀も日本の銀行と事情は同じである。

　では、どうしているのか。通常の窓口で受付した後に、伝票や現金を専門部署へ回すのである。もちろん処理後に渡すものがあれば、また通常窓口か

2－1　銀行員らしくなるとどうなるか　　　51

ら顧客に対応することになる。お客さまに別の窓口に行ってもらうのではなく、銀行員のほうが動く。あくまで窓口は一つなのである。

　用件が終わったら、この米銀のテラーは必ず、こう声をかけてくる。「ほかにご用件はございませんか？」。これはセールストークでもある。日本でも普通の小売店で買物をしたとき、少し気の利いた店員なら「ほかにお求めのものはございませんか？」と聞いてくる。声をかければ、その日はただ税金を納めに来ただけのお客が、「そういえば、今度、車を買おうと思ってるんだけど、おたくの銀行では、貸してもらえるのかしら？」と、相談してくれるかもしれない。

　先日、ある銀行の窓口で、税金の支払をすませた後、「通帳の住所変更もしたいんですけど」といってみた。「それは、○番の窓口でうかがっておりますので、もう一度番号札をお取りになって、あちらのソファーでお待ちいただけますか？」という答えが返ってきた。

⑤　個人ローンの窓口がない理由

　正答率が最も低い問いである。「ローカウンターのテラーが、すべての相談を受けるスキルをもっている」という答えが多い。しかし、ローンの相談にも、投資信託の相談にも乗れるようなスーパー銀行員は、この米銀にはほとんどいない。分業されている。

　それでも、個人ローン専用のカウンターはない。あるのは単なる「相談窓口」である。日本の銀行や信用金庫へ行くと、いわゆるローカウンターも取引ごとに分かれている場合が多く、ご丁寧に「資産運用のご相談」「ご融資のご相談」と表示してある。つまり、「ご融資のご相談」カウンターに座っていると、お金を借りにきたことが店内にいるほかの顧客すべてにバレてしまうのである。なかには同じ地域で顔見知りの人もいるだろう。

　実際に、日本で顧客調査を実施すると、ローンの相談をする障害になる要因の大きなものとして「他人に見られるのがいや」という理由があげられる。そんなちょっとしたデリカシーの欠如でビジネスチャンスを逸している

のだ。

　この米銀の店舗の来店客は、ロビーの相談カウンターに座って、何やら銀行員と相談しているということはわかる。しかし、それがローンの申込みなのか、投資信託の相談なのか、あるいは単に新しい口座を開設しているのかはわからない。

　さて、みなさんの回答はどうだったであろうか。この米銀の店舗レイアウトが正しいといっているのではない。彼らが自行の顧客の立場で考えて、自行の顧客に合うレイアウトを実現しているということが重要なのだ。日本でも相談に特化して営業時間を延長した店舗や、ショッピングモール内のハイカウンターなしの小型店舗など、さまざまな形態の店舗が出てきている。それらの狙いを聞くと、予想される収益増、オペレーションの簡略化による行員の負担軽減、コスト削減効果の話が大半で、顧客にとっては何がどういいのか、という視点はごくわずかである。これでは、相談専用店舗に閑古鳥が鳴くのも当然だ。

　金融業界の本部で「顧客を理解することの重要性」について話をするとよくこんな答えが返ってくる。「私はこの部署（営業企画部や営業推進部など）に配属される前は営業の現場にいましたし、いまでも支店の職員から頻繁に話を聞くようにしているので、ウチの顧客のことはよく知っていますよ」。営業経験が長く、実績も高い人ほどそういう反応になりがちである。

　はっきりいおう。あなたが顧客を理解しているというのは「思い込み」である。あなたの営業成績がどんなに優秀でも、どんなに顧客の立場で考える姿勢をもっていても、固定観念や知識の多さが邪魔してしまう。

　では、顧客を正しく理解しようと思ったらどうすればよいか。「わからない」ということを謙虚に自覚し、素直に顧客に直接聞いてみるしかないので

ある。

メッセージ

　顧客のことをよく知っていると思うこと自体が誤り。謙虚にかつ素直に顧客に聞く。それが顧客を正しく理解する絶対条件である。

［注］

(1)　**ローカウンター／ハイカウンター**　日本の銀行には通常2種類のカウンターがある。顧客が座って相談や手続を行う窓口を「ローカウンター」と呼び、普通預金などの入出金、振込や税金・公共料金の納付など、顧客が立った状態で手続を行う窓口を「ハイカウンター」という。

2－2

品質が良いかどうかは顧客が決める

> お客さまの認識が間違っています。ウチのローン金利が、競合他行より高いはずがありませんから。
>
> ──某地方銀行の自動車ローン担当者

　銀行の依頼で顧客調査を行うと、依頼した担当者も私たちも「あれっ？」と思うような結果が出てくることがよくある。たとえば銀行がシステム上で把握している各店舗での顧客の平均待ち時間という「客観的な」数値と、顧客が待ち時間をどのぐらい長いと思っているかという「主観的な」数値が大きく違っていたりするのだ。どちらを基準に施策を考えればよいのだろうか。

　時には、顧客の認識が、明らかに「事実」と異なっていることもある。たとえば、ある地方銀行の自動車ローン担当者は、常に、競合他行の金利を気にして、必ず、自行が金利で負けないような設定をしてきた。しかし、調査結果を見ると、競合他行のほうが金利が安いと答えている人が圧倒的に多いのである。「これはお客さまが間違っています！」というのが、担当者の第一声。たしかに、顧客は誤った認識をしている。しかし、顧客に腹を立ててみたところで、自行のローンを選んではもらえない。

　マーケティングの世界では、商品やサービスの品質を議論する際、「知覚品質」という考え方を用いる。計器などを使って客観的に測定した客観品質

2－2　品質が良いかどうかは顧客が決める　　55

と、顧客が主観的に「感じる」品質とを区別して考えるためである。顧客は商品を買うという意思決定をする際、必ずしも、客観的な数値を比較するとは限らない。自分の主観で、自分が良いと思うほうを選んでいるからである。いくら客観的な品質を高めたとしても、顧客がそれに気づいて受け止めてくれなければ、顧客の行動は変わらない。「知覚品質」を高めなければ、顧客は買ってくれないのだ。

「顧客の基準」で考えることが、マーケティングの原則である。同じサービスを受けても「知覚品質」は個人により異なる。また、肝に銘じておかなければならないのは、金融業界の人間の知覚品質は、顧客の知覚品質とはかけ離れているということである。

事例1　ペーパータオルと銀行の待ち時間

米国のある製紙会社は重大な課題に直面していた。自社の主要商品であるキッチンタオル（ペーパータオル）の市場におけるシェアが下がり続けていたのである。マーケティング担当チームは、シェア落込みの原因を究明し打開策を探ることになった。

自社の商品は顧客のニーズを満たしていないのだろうか。それまでの社内の常識では、消費者が最も重視しているのは、吸収力（水や油をどれだけ吸い取ってくれるか）であると考えられていた。商品開発は吸収力の向上にポイントが置かれ、社内の品質検査では、水の吸収力も油の吸収力も、競合他社の同じ価格帯の商品より勝っているという結果が出ていた。

マーケティング・チームは消費者を集めてのインタビューやアンケート、目隠しテストなど、さまざまな方法で顧客の声を聞き解決策を見つけようと試みた。まず、キッチンタオルを選ぶ際、何を重視するかという問いかけをした。たしかに、「水をよく吸うこと」「油をよく吸うこと」が上位にランク

される。では、なぜ自社商品は売れないのだろうか。

　次に、競合他社の商品と自社の商品を見せて、どちらが水や油をよく吸うと思うか、という質問をしたところ、何とほとんどの人が他社商品のほうに軍配をあげたのである。彼らは、キッチンタオルを買うときや使うときに、科学的な検査結果の数値を比較して選ぶわけではない。ではどうやって吸収力についての判断を下したのであろうか。

　そこで、問いかけの方法を変えてみた。「お店で2種類のキッチンタオルを売っています。あなたはどちらを買うか、どうやって決めますか」。すると、ほとんどの人が親指と人さし指でシートを挟み、指をこすり合わせてみせたのである。「さわればわかるんですよ。布みたいにやわらかくて、しかも丈夫なのがいいですね。こういう紙のほうが、水や油をよく吸うんですよ」。彼らは、「さわり心地」で、「吸収力」を判断していたのである。先の「何を重視するか」という質問にも「布のような肌ざわり」という回答はあったが、吸収力に比べるとずっと下位にランクされていた。

　「布のような肌ざわり」と「やわらかさ」をキーワードに品質に改良が加えられ、できあがった商品があらためて顧客テストの洗礼を受けた。すると、顧客の評価は大きく向上したのである。こうしてできあがった商品は、失われた市場シェアを見事に奪回した。ちなみに、「布のような」というフレーズが広告に使用されることはなかった。顧客調査の結果、布のような品質を顧客が求めていたとしても、それを宣伝文句として聞いたとたん、「使い捨ての紙を布のようだといわれてもうさんくさい、信じられない」と感じるということがわかったからである。

　キッチンタオルのような「さわってみる」ことができる商品ですら、大事なのは「知覚品質」であって、客観的に測った品質ではない。ましてや、金融のように「目に見えない」ものを扱っているサービス業の世界では、より

2－2　品質が良いかどうかは顧客が決める　　57

いっそう「知覚品質」がカギになる。

　先の銀行の「待ち時間」について考えてみよう。そもそも、顧客はどのようなときに待ち時間が長いと感じるのだろうか。待ち時間が5分を超えた時か、10分を超えた時か。おそらく、何分という数値だけでは表せない。
　たとえば、こういう話をよく聞く。

「混んでいたら、少しぐらい待つのはしかたないと思うんですよ。でも、銀行の窓口って、全部使ってないことってよくあるんですよね。たとえば七つあったら、必ず二つは閉まっていてだれも座っていないんです。奥には、銀行の人が何人もいるんですよ。書類を書いたり、銀行員同士で話をしたりしてるんです。どうして、あの人たちは窓口に出てきて受付とかしてくれないんでしょうね。ホント、イライラしますよ」

　窓口が閉まっているのは人員削減でテラーの数が減った結果である。内部にいる融資や外回りの担当者も、少ない人数で自分たちの仕事を精いっぱいやっているのであり、遊んでいるわけではない。しかし、顧客はそんな支店の内部事情を知らないからイライラする。せめて、カウンターの後ろについたてでもあって、奥が見えなければ顧客のイライラは減るかもしれない。
　「あと何分待てばいいか教えてくれないからイライラする」という人もいる。ディズニーランドのアトラクションの列にはそれぞれ、いまから並ぶと何分待ちという表示がある。実際の待ち時間は、それよりも少し短いことが多い。
　また、ディズニーランドの列は、並び始めると絶えず動いている。待っている間中、客を飽きさせないように、ビデオを流したり、通路のディスプレーを見るようになっていたりなどさまざまな工夫がある。待ち時間を減らすのではなく、長く感じさせない努力をしている。

58　　　　　第2章　顧客ロイヤルティと共創値の高め方

待ち時間への不満を解消する施策は、「待ち時間を減らす」ことだけではないのだ。逆に、いくら事実として待ち時間が減ったとしても、顧客がそう思ってくれなかったら、不満は決して解消されない。

事例2 人の知覚はゆがむことがある

品質が良いか悪いか、それは客観的な数値が決めるのではなく、それぞれの顧客が自分で決めることである。人間の知覚というものは「ゆがむ」ものだからだ。ある一人の顧客にまったく同じものを提供しても、その見せ方によって顧客の受け取り方はゆがみ、異なる評価となる場合がある。

ここに、二つの質問がある[1]。
① 東京の隅田川信用金庫の顧客数は、約120万人ですが、大阪にある淀川信用金庫の顧客数は、どれぐらいだと思いますか？
② 東京の神田川信用金庫の顧客数は、約8万人ですが、大阪にある淀川信用金庫の顧客数は、どれぐらいだと思いますか？

両方とも、聞いていることは同じ（淀川信用金庫の顧客数）であるが、実験をしてみると、多くの場合、Aの聞き方をされたほうが、多めの人数を答える。Aの場合は120万人を基準、Bの場合は8万人を基準として、それより多いか少ないかと考えるために、それぞれの基準に引きずられるのだ。

このように、最初の情報がその後の判断に影響を与えることを、心理学用語で「アンカリング（係留）効果」と呼んでいる。

ある高級家具店は、大手百貨店が撤退した後のビルをショールームとしていた。ここでは、顧客は勝手に家具を見て回るのではなく、原則担当者がつ

2－2　品質が良いかどうかは顧客が決める　　　59

いて、なかを案内してくれる形式になっている。顧客がどのような家具に興味があるかにかかわらず、担当者は、まず最上階に案内しようとする。そこは、もともと老舗百貨店の美術館があった階。置かれている家具は、最上級。普通の人たちには、とても手が出る金額ではない。もちろん、担当者も、その階の家具を買ってくれることなど期待していない。「めったに見られない最上級の家具ですから、話の種だと思って一度ご覧ください」といって、誘うのだ。

　最初に最上級の家具を見ることによって、顧客の心のなかに、それが基準となるアンカーが打ち込まれる。そうすると、次に予算よりも少し高い家具を見せられても、つい買ってしまうということがある。何をかくそう、わが家もそれで予算よりも高いダイニングセットを買うはめになった。まったく同じ商品でも、直前に何を見たかによって知覚にゆがみが生じ、商品の見え方が変わってくるのだ。

　金融商品も同じだ。株式投信を初めての顧客に説明するとき、何と比較して説明するかで、商品への第一印象は大きく変わってくる可能性がある。

図表2－2－1　知覚のゆがみ

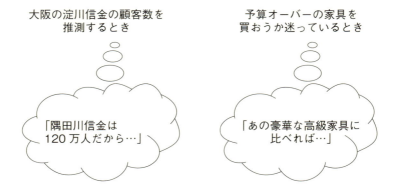

アンカリング効果は知覚がゆがむ例の一つにすぎない。さまざまな理由で顧客の知覚はゆがむ。本項冒頭の例に戻ると、他行と同じはずの自動車ローンの金利が、他行より高いと思われていたのには、次のような要因があった。

● 金利を保証料込みの数字で宣伝していたこと（他行の多くは、保証料は別書きにしていた）

● カードローンの金利が、他行よりも少し高いこと

● 審査基準が厳しく「お高くとまっている銀行」というレッテルを貼られていたこと

これらが重なって、金利が高いと思い込まれていたのである。

メッセージ

マーケティングでは、答えは顧客がもっていると考える。品質を良いと思うか、悪いと思うかも、顧客が決める。マーケターは、常に、顧客の「知覚する」品質やその知覚方法を理解する必要がある。

[注]
(1) 質問のなかの三つの信用金庫（隅田川、淀川、神田川）は、架空の金融機関である。

コラム2 枠から出られない銀行員
——おうかがいが必要？

　マーケティング・エクセレンスでは、金融マーケターを対象に、年に数回、「金融マーケター養成講座」という研修を行っている。他のこの種のセミナーとは違い、２泊３日の最初から最後まで、受講者に徹底的に考えさせ、議論させる。寝ている暇などない。マーケティング担当になったばかりの若手が来ることもあれば、部長クラスが参加することもある。ある信用金庫からは、理事長自ら参加された。

　講座終了後のアンケート。受講後の感想欄にこういう記述があった。
　「グループ討議をするときにスムーズに議論を進められるように、最初に進行役を決めていただいたほうがいいと思います」
　そう思ったら、そのとき自分たちで進行役を決めてよいのだ。

　このコメントをくれたのは、某地方銀行の若手行員。彼の名誉のために付け加えると、彼は非常に優秀な人物。普段は、いうべきときにいうべきことを主張して仕事をしている。しかし、そのような人でも、少しでも「秩序」を乱すことをするときには遠慮してしまう。だれかの許可を得なければと考えてしまう。銀行のカルチャー、恐るべし。

2－3

なぜ CS ではなくロイヤルティ⁽¹⁾なのか？

> 全行的に CS 改善運動に取り組んでいます。お客さまの満足度を上げることは大切だと思います。しかし、それだけでは単なる自己満足に終わってしまうのではないでしょうか。
>
> ——某地方銀行 CS 担当責任者

　日本の多くの企業同様、金融機関においても CS（Customer Satisfaction ＝顧客満足⁽²⁾）向上運動は人気がある。IR 上のお題目として CS を掲げたり、クレーム処理の窓口に「CS」とつけてみたり、といった表面的なことだけでなく、担当部署を置いて組織的に取り組もうとしているところも多い。あるメガバンクには「CS 研究所」なるものが存在していた時期すらあった。そして、2005年には金融庁までが各金融機関に利用者満足度を調べるべきという指示を出した。

　しかし「なぜ CS を推進するのか」と聞かれると、答えに詰まってしまうのではないだろうか。「顧客満足度が高ければ売上げ、ひいては収益が増えるから」という答えが返ってくるかもしれないが、本当だろうか。顧客満足を過剰に追求したために財務的な危機を招いてしまった企業の事例は数多くある。提供製品やサービスの品質を向上させ、顧客満足を向上させた企業に与えられるマルコム・ボルドリッジ賞⁽³⁾の評価も1,000点中300点を占めていた顧客満足の比率を、現在では大きく下げている。また米国では、1966年の時点ですでに「顧客満足の上昇が収益増につながった」とする企業は2％に

すぎない、というレポートが出されている。そうしたデータがないとしても「顧客満足」と「収益増加」が直接結びつく、と自信をもっていえる人は少ないであろう。

ATMの待ち時間は長いよりも短いほうが満足度は高いだろう。しかし、待ち時間を短くしたら、顧客は「来年車を買うときにはその銀行でローンを借りよう」と思うだろうか。誕生日にハンカチの1枚でもプレゼントすれば、その時は喜んでくれるかもしれない。が、だからといって、「将来個人年金保険に加入するときにはほかに浮気せずその保険会社にしよう」と思ってくれるだろうか。

顧客満足を高めることが無駄だといっているのではない。それだけでは不十分なのだ。金融サービスにはもっと重視しなければならない要素がある。それが「顧客ロイヤルティ」である。

フレームワーク　顧客ロイヤルティとは何か

「ロイヤルティ」を辞書で引くと「忠誠心」と出ているが、これでは、具体的に何を意味するのかあいまいである。真の「顧客ロイヤルティ」とは何であろうか。

「ロイヤルティ」には、気持ち的（態度的ロイヤルティ）なものと行動的（行動的ロイヤルティ）なものがある。ここで取り上げるのは行動的ロイヤルティに近く、行動する意図をもつことをいう。

企業側の視点で言い換えれば、ロイヤルティの高い顧客とは、「将来にわたって自社に利益をもたらす行動意図・意向をもつ顧客」である。

顧客に満足してもらうことは重要である。しかし、満足してもらっているだけでなく、もう一歩進んで、顧客が具体的な行動を起こしてくれてはじめ

て収益に結びつく。ただし、行動した（買ってくれた）という最終結果だけをみるのもよろしくない。なぜなら、金利が高いから（低いから）取引している、というような見せかけのロイヤルティとの見分けがつかないからだ。

重要なのは企業にとってプラスになる行動意図をもってくれているかどうかである。ロイヤルティには、将来にわたって取引を続けようという意図（取引継続意図）、取引量を増やそうという意図（取引増加意図）、同じ商品を再び購入しようという意図（再購買意図）、友人・知人・家族・親戚に勧めようという意図（他人推奨意図）、不満があれば銀行に直接伝えてくれる意図（不満行動意図）など、ロイヤルティには、さまざまな切り口がある（図表2－3－1）。

たとえば、ロイヤルティの一つに、「取引継続意図」（その企業との取引を長く続けようという意図）というものがある。これは、取引関係が長期に及び、その間に発生するさまざまな金融ニーズを取り込むことで収益が最大化

図表2－3－1　顧客ロイヤルティの構造

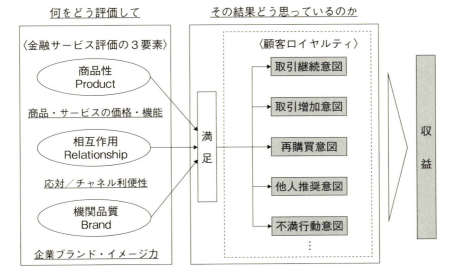

2－3　なぜCSではなくロイヤルティなのか？

する金融サービスにとって、最も重要な顧客の行動意図であるといえる。悪い噂やちょっと不満なことがあったからといってすぐにほかの銀行へ預金口座を移すようなことはしない。一見おトクな話だと思っても△△保険の生命保険を解約して他社に乗り換えたりしない、そんな顧客は重要だ。

事例 満足とロイヤルティのギャップ
——ある地域トップバンクの現実

　満足とロイヤルティは別物である、という例をあげてみよう。以下は某県の地方銀行（A銀行とする）で行った個人顧客向け意識調査の結果である。その銀行はいわゆる「地域トップバンク」と呼ばれ、そのエリアでの圧倒的なシェアと知名度を誇り、経営陣や行員の多くが顧客基盤に絶対的な自信をもっている。

　図表２－３－２は、「A銀行との取引に満足していますか」について尋ねたものである。回答は７段階で、１が最も不満、７が最も満足となり、グラフは１～７までの点数をつけた人の割合を示している。グラフを見ればわかるように、右肩上りとなっている。１～３をつけた、つまりどちらかといえば不満と答えた人は全体の10％未満であり、一方満足しているほうは、最高点の７をつけた人だけでも３人に１人という非常に高い数字である。私たちはさまざまな金融サービス企業で同様の調査を行っているが、ここまで急な角度で右肩上りになる（しかも６点から７点にかけてさらに急勾配になる）ことは珍しい。規模が大きく、信用金庫などと比べて顧客との距離が決して近いとはいえない地域トップバンクではなおさらである。

　それでは、ロイヤルティのほうはどうだろうか。図表２－３－３は「A銀行との取引を今後増やそうと思いますか」という質問の結果を示したグラフである。最も多かった回答は４の「どちらともいえない」であり、全体の約

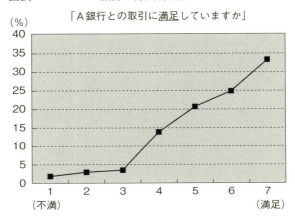

図表2－3－2　顧客の総合満足度

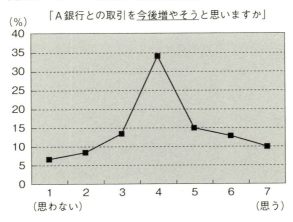

図表2－3－3　顧客の取引増加意図

35％を占めている。全体としては山型のグラフになっていて、積極的に取引を増やそうと考えている人（6または7とつけた人）も25％近くいることから、この結果自体はさほど悪い結果ではない。しかし、満足度の右肩上りと比較すると、その差が大きいことがわかるだろう。つまり、満足しているからといって、実際の行動に結びつくとは限らないのである。

2－3　なぜCSではなくロイヤルティなのか？

それでは、なぜ満足度とロイヤルティにこのようなギャップが生じているのであろうか。もう一つ、こんな質問もしてみた。
　「どこのATMでも手数料なしでお金が引き出せるようになったら、いまA銀行にある口座を他行へ移そうと思いますか」
　このA銀行はその地域で圧倒的なシェアを占めていて、当然のことながら、店舗網やATM網も充実している。つまり、どこでもすぐにお金が引き出せる、非常に利便性が高い銀行である。実際、顧客にインタビュー調査をしてみると、A銀行の良いところとして真っ先に「便利だ」という答えが返ってくる。それでは、その利便性のメリットがなくなってしまったら顧客はどんな行動に出るのか、それがこの質問の意図である。
　図表2－3－4を見ると、7段階で6と7をつけた人、つまり「口座を移そうと思う」という他行へのスイッチ意図が強い層が、全体の約4分の1もいることがわかった。これらの顧客は、本当は他の金融機関と取引したいのだが、ATMの数が多くて便利だから仕方なくA銀行に口座を置いている人たちであると解釈できる。言い換えれば、ATMの立地利便性ということ以外にメリットを感じていないのだ。利便性というスイッチコスト[4]に縛ら

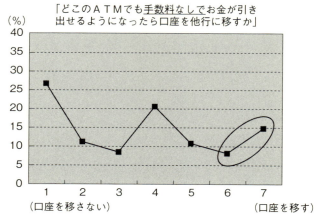

図表2－3－4　顧客の他行スイッチ意図

た、いわば「囚人」なのである。

　調査時点では、A銀行のATM網の利便性はゆるがないと考えられていた。しかし全銀協によると、2016年にはATMの設置台数は15年前より7％減っている。コンビニ・電話・インターネットなどチャネルが多様化し、他行と利便性の差が縮まってきたいま、脅威は現実化している。さらに今後は、カード決済や電子マネーなどの利用が増えて、現金の必要性、ひいてはATM利用はますます減ってくると予想される。FinTechの台頭によって現金どころか、個人の決済サービス全般で銀行が不要になる将来も現実味を帯びてきている。これまでのような意味での利便性は意味がなくなる。

　このように一つの理由が顧客のロイヤルティの源泉となっている場合、その要因がなくなると同時に、さまざまな取引が減少していくことが予測される。この銀行でも、すでに予兆は現れていた。

　個人預金のシェアに比べて個人ローンのシェアが非常に低くなっていたのである。給与振込みもしているし、公共料金の引落しもほとんどA銀行だし、定期預金の残高もそれなりにあるにもかかわらず、ローンの借入れだけは他行から、という顧客が増えていた。住宅ローンのように業者主導で借入先が半ば自動的に決まってしまうような商品は、企業力で業者を囲い込むことにより、シェアを確保することができる。しかし、選択肢が多数ある無担保ローンのような商品には、顧客に選択権がある。これが非常に高い比率ですでに競合他社に流れていた。

　A銀行に限ったことではない。いわゆる地域トップバンクと呼ばれる銀行でヒアリングすると、大なり小なり同じような現象が起きている。もちろん、顧客の流出にはさまざまな原因が考えられるが、「審査が他行に比べて厳しいから」という単純な理由だけでは片づけられない。

　利便性によって縛られている顧客が、その制約を感じなくなったとき、企業は何によって彼らをつなぎとめることができるのか。この調査結果を受け、A銀行では、真剣に考え始めた。

2－3　なぜCSではなくロイヤルティなのか?　　　69

> ## メッセージ
>
> 　顧客に満足してもらうだけでは不十分である。ロイヤルティの高い顧客こそが、将来にわたって収益をもたらす真の優良顧客である。

[参考文献]

Oliver, Richard. L. (1997), "A Behavioral Perspective on the Consumer" in Satisfaction, McGraw Hill, NewYork, NY.

Heskett, L.L., James, T.O., Loveman, G.W., Sasser, W.E. Jr. and Schlesinger, L.A. (1994), "Putting the Servie-Profit Chain to Work," Harvard Business Review, (Mar-Apr), 164-172.

Zeithaml, V.A., Berry, L.L and Parasuraman, A. (1996), "The Behavioral Consequences of Service Quality," Journal of Marketing, 60, 31-46.

Michael Lowenstein (1996), "Keep Them Coming Back," American Demographics, (May), 54-57.

[注]

(1) **ロイヤルティ**　Oliver (1997) は、「選好する製品やサービスを将来的に一貫して再購買したり、再利用する強いコミットメント」であるとし、「スイッチ動因があるにもかかわらず同一ブランドの反復購買を引き起こす原因」と定義している。ロイヤルティというと、感情的なつながりを思い浮かべがちであるが、彼の定義では、ロイヤルティは、認知的・感情的・意図的・行動的の４段階で順に強くなり、感情的ロイヤルティはその第２段階にすぎないとする。

(2) **顧客満足**　顧客満足は再購買意図などのロイヤルティに大きな影響を与える要因である (Heskett et al. (1994), Zeithaml, Berry and Parasuraman (1996))。しかし、顧客満足の向上に努力してきたにもかかわらず、結果的には企業収益は増加しなかったという多くの企業からの報告を受け、満足向上

70　　　　　　第２章　顧客ロイヤルティと共創価値の高め方

は収益向上とイコールではないという問題意識が顕在化している。現在では、マーケティングの目的は単なる満足向上ではなく、ロイヤルティの向上へと移行している。

(3) **マルコム・ボルドリッジ賞**　正式名称は「マルコム・ボルドリッジ・ナショナル・クオリティ・プログラム」。1988年（レーガン政権時代）、すぐれた経営品質を有する企業を政府が表彰することによって、産業競争力の復活を後押しする目的で創設されたもの。顧客満足を向上させるための経営システム・改善プログラムやその継続的運営が受賞の条件となっていることから、この賞の審査基準は、「顧客満足度（CS）経営のバイブル」ともいわれてきた。日本でも同賞にならい、公益財団法人社会経済生産性本部が「日本経営品質賞」を設立し、1996年からスタートしている。マルコム・ボルドリッジ賞は現在ではサービス品質という言葉は使われず、サービス・エクセレンスという言い方に変更している。

(4) **スイッチコスト**　顧客が、あるブランドから他のブランドへ、あるいは、ある企業から他の企業へ乗り換える（スイッチする）ことを思いとどまる理由のこと。中途解約すると損をする、新しい先を探すのにお金や時間がかかるなどの経済的・物理的な理由もあれば、面倒くさい、いまのブランドに愛着があるなどの心理的な理由もある。

2−3　なぜ CS ではなくロイヤルティなのか？

2－4

顧客に働いてもらう

> 　お客さまの満足度を上げたり、ロイヤルティを高めたりするにはコストがかかりますよね。でも、ウチは、ボリュームも利鞘も減り続けているし、リターンがはっきり見えないものにコストをかけることは許されない状況です。
>
> 　　　　　　　　　　　　　　　——某地方銀行総合企画担当者

　マーケティングは売れ続ける仕組みづくりなので、速攻で収益をあげるための魔法の杖ではないことはすでに説明した。しかし、限られた経営資源では顧客満足・ロイヤルティを将来にわたって維持するだけの投資ができないという不安もよく聞く。

　その答えこそが「共創」である。
　誤解をおそれずいうなら、足りない資源を埋めるために顧客に働いてもらうということだ。

フレームワーク　ロイヤルティ行動が生む共創価値

　図表2－3－1で説明したロイヤル行動のうちの二つ、「他人推奨意図」と「不満行動意図」は直接売上げを増やして収益に貢献する行動ではない。

顧客はマーケティング調査や広告宣伝のコストを下げるというかたちで収益に貢献してくれている。顧客は、あたかも企業内の一員のように、企業の活動の一部を担ってくれているのだ。売上増加に貢献してくれるだけがロイヤル顧客ではない。彼らは企業外部にいながら、あたかもその企業の一部であるかのように、企業コストの削減にも貢献してくれる。

　この観点で見れば、これらロイヤルティ行動は、先述した共創の一部といえる。

　人に勧めてくれるという「他人推奨意図」は金融サービスにとって重要である。金融サービスは、無形なものを対象としているため、経験しなければ品質を判断しにくい。経験者から聞く意見は、重要な判断材料となる。他人への推奨や紹介の意図がある顧客は、その企業に対するロイヤルティが非常に高い、重要な顧客である。かわりに顧客が得る価値は何だろう。自分が共感したものを他の人が受け入れてくれることへの満足感かもしれない。友人に感謝されるといった直接の報酬かもしれない。いずれにせよ、顧客にとってのなんらかの共創価値が同時に創出されているはずである。

　企業（やその商品やサービス）に対してなんらかの不満を感じたときにそれを直接伝えてくれる「不満行動意図」も、顧客のロイヤルティを測るうえでの重要な尺度の一つになる。店頭に来て、あるいは担当の渉外係に対して、あるいは、メールや電話で不満に思ったことを率直に話してもらえれば、企業側もサービスを改善するチャンスになる。不満をうまく解消できればその顧客のロイヤルティは以前よりずっと高まることも研究成果からわかっている。実際、クレームをきっかけに顧客との関係が深まった、というケースは多い。直接の不満の解消、改善されたサービスをその後自分も使用することで得る恩恵などが顧客にとっての価値になる。

2－4　顧客に働いてもらう

他人推奨では企業のかわりに広告宣伝を、不満行動ではサービスの改善のために行う顧客調査を、顧客が企業のかわりにしてくれている。企業はおかげでそのためのコストを削減できる。そのような行動を強力に促すには、普通のサービスではダメだ。もともとの金融機関の理念や、それに基づいて行ってきたこれまでの企業活動への強い共感、サービス経験が特に際立っていることなどが必要だろう。

　もちろん共創活動にもレベル感や種類の違いがある。実は共創は際立ったサービス経験だけでなく、もっと日常的なサービスのなかにも存在している。顧客がインターネット・バンキングを使うこと、与信審査のために決算書を出してくれること、投資リスクに対する姿勢を教えてくれること、それらはすべて、顧客の時間や知識といった資源の提供だ。そうすることでより良いサービスが得られることにつながり、企業にとっても顧客にとっても価値の増加につながるという意味で共創なのである。

　顧客が共創に参加する方法は、第1章1－2で述べた三つの共創価値と対応して、三つに整理される。
　機能価値に対応するのが物理的な参加である。知識価値に対応するのが知的参加である。そして、感情価値に対応するのが、感情的な参加である。

　機能価値への貢献は物理的な参加が多い。たとえば、インターネット・バンキングでは、顧客は物理的に自分のPCやスマートフォンを使い、自分の時間を割いて取引操作をする。
　一方、知識価値の創造には、顧客の側も知識を提供するかたちでサービスに参加する。たとえば、融資にあたって、業界動向や、自社の市場におけるポジション、強み・弱みなどの情報を提供する。これは金融機関の担当者の知識を向上させ、結果的に与信審査は迅速・的確になる。

図表2−4−1　共創価値を考慮した顧客ロイヤルティの構造

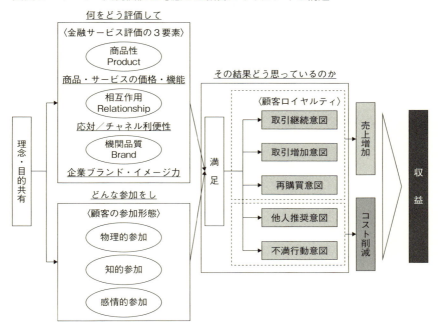

　感情価値の創造には感情的なやりとりが必要である。担当者とのやりとりで感じる楽しさや共感は、顧客と担当者のどちらかだけで成立するものではない。金融機関には事務処理だけしか求めない、という顧客とは感情の共創価値は生まれない。

メッセージ

　資源がないなら、顧客に提供してもらおう。顧客にサービスのプロセスに参加してもらい、従業員のように働いてもらうことで、顧客にとっての価値が増える仕組みをつくること、それが共創のカギになる。

2-5

共創価値向上のカギを見極める

> とにかく他社とは違う新商品を開発すること。少々お金をかけてもいいから、その新商品をうまく広告・宣伝すること。それが、当社の生き残りのカギだと思っています。
>
> ——某大手生命保険会社の企画担当者

　長期的な取引関係の維持およびその強化が収益の最大化をもたらす金融サービス業にとって、顧客との共創の構造を理解し、長期的に顧客ロイヤルティを高め、共創価値を高めていくことは最大の課題である。

　では、どうすればそれは可能になるのだろうか。そのためには、何が顧客を共創に向かわせるのかを知らなければならない。当然のことながら、顧客は最初から共創的なわけではない。現在の状態は、何かしらの「原因」の積み重ねがあって形成されたはずである。つまり、顧客の態度は、これまでそれぞれの企業が行ってきた戦略や施策やその他顧客とのさまざまなかかわりがもたらした「結果」なのだ。

　それらの「原因」がわかってはじめて対策を立てることができる。まずは、顧客の金融サービスへの評価のポイントを整理する必要がある、ということだ。

　そのためには体系的な枠組み、フレームワークが求められる。

| フレームワーク | 金融サービス評価の３要素 |

　図表２－５－１は、マーケティングの分野でこれまで構築された理論や研究の成果に基づき、マーケティング・エクセレンスがリテール金融サービス向けに開発した「金融サービス評価の３要素」である。

(1)　商 品 性

　企業が提供する商品やサービスそのものに対する評価である。商品は属性（特徴）の束なので、どういう属性（特徴）でその商品が構成されているかを分解してみる必要がある。

図表２－５－１　金融サービス評価の３要素

〈商品・サービスの価格・機能〉

商品性
Product

顧　客
Customer

相互作用
Relationship

機関品質
Brand

〈応対／チャネル利便性〉　　　　　　〈企業ブランド・イメージ力〉

2－5　共創価値向上のカギを見極める

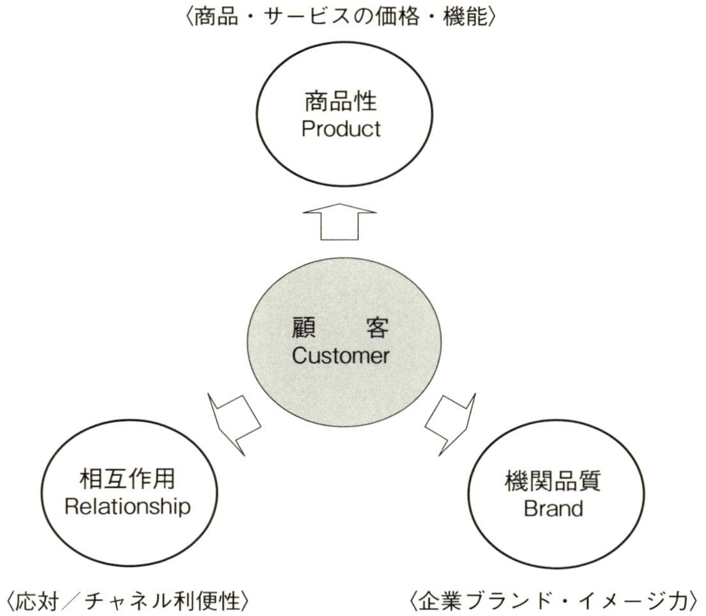

〔商品の例〕

・金利や手数料は競合他社に比べてどうか

・申込みに必要な書類は何か

・商品やサービスの仕組みはわかりやすいか

・十分な品揃えのなかから自分に合ったものを選ぶことができるか

・商品名には訴求力があるか

(2) 相互作用

　サービス業の特徴の一つは、顧客がサービスに参加することだ。顧客が良いサービスを受けようとしたら、サービスプロセスに参加し、企業に協力しなければならない（詳細は第3章3-1を参照）。自分のニーズや状態を正しく伝え、申込書に必要事項を記入し、機器を操作する。時には企業の従業員が行うプロセスを顧客がかわりに行うこともある。「相互作用」とは、サービスが提供される場所、顧客と企業が接点をもつ場所において発生するやりとり、互いに影響を及ぼし合う共同作業を意味する。「相互作用」には、営業職員、窓口のテラー、コールセンターのオペレーターなどとの人的な接触と、店舗、ATM、インターネットなどの機械や設備との非人的接触の2種類がある。

〔人的接触の例〕

・応対の印象は明るくて感じが良いか

・親身になって相談に乗ってくれるか

・自分のことをよく理解し、的確なアドバイスをしてくれるか

・プライバシーには配慮してくれるか

〔非人的接触の例〕

・ATMや店舗での待ち時間は気にならないか

・店舗は職場や家から便利なところにあるか

・テレホンバンキングの自動応答は使いやすいか

・インターネット・バンキングの使い勝手は良いか

(3) 機関品質

　金融サービスを提供している企業そのものへの評価、イメージやブランド力（この場合はコーポレート・ブランド[1]）への評価である。金融サービスは、モノと違って目に見えないものであり、生命保険のようにすぐには結果の出ない性質のものも多い。さらには実際に商品やサービスを利用しても、専門性が高く、サービスの品質そのものに対して本当にそれが良かったのかどうかを評価するのがむずかしいものも多い（詳細は第4章4-9を参照）。こういった財では、その企業に対する顧客のイメージといった外から見た手がかりが全体の評価に大きな影響を与えるのである。

〔機関品質の例〕

・地域社会に貢献している

・地域経済発展・維持に尽くしている

・親しみやすい

・先進的である

・（経営が）健全である、安定している

　ここで一つ注意しなければならないのは、商品性も相互作用も機関品質もその評価は顧客の主観的なものであり、客観的に見て正しいとは限らないということである（詳細は第2章2-2を参照）。

　たとえば、定期預金の金利が競合他社とほとんど変わらないとしても、顧客からは「○○銀行のレートは良くない」と評価されているかもしれない。地元の行事やイベントに毎年多額の寄付を行ったり、ボランティア活動に力

を入れ、ディスクロージャー誌で大々的に PR したとしても、「地域社会に貢献している」とは思われていないかもしれない。

　つまり、客観的に見て正しいかどうかの問題ではなく、あくまで顧客がどう思っているか、を知らなければならないのである。

　こうした個々の要因に関する評価を知ることにより、たとえば、顧客によってロイヤルティに差が出るのはなぜか、あるいは同じ顧客でも、取引を長く続けようという意思は強いのに、取引を増やそうという意思が弱いのはなぜか、などの原因を探ることができる。それは裏を返せば、「何をすることが最もロイヤルティの向上に効果が高いのか」を知ることにつながる。ここまでたどり着かなければ、いくらお金をかけて顧客調査をしたところで単なる数字で終わってしまい、具体的なアクションには結びつかない。

　話を単純化してみよう。たとえば、個人ローンを強化し今後 5 年間で残高を拡大するという課題があるとする。そのために、①審査のスピードを速くすることと、②「親しみやすく、相談しやすい」というイメージを形成することという二つの施策案がある場合、どちらが顧客のロイヤルティをより高め、借入れのニーズが発生したときに申込みをしてもらえる確率が高くなるのか、を理解する必要がある。それによって、推進すべき戦略や投資の優先順位を決めることができるのである。

　仮に、②「親しみやすく、相談しやすい」イメージを形成することを優先すべき、という結果が出たとして、それだけでアクションにつながるわけではない。「相談しやすい」イメージをつくる必要があるということは、現在は「相談しにくい」と思われているということであり、その原因を一つひとつ解きほぐすための調査・分析をしなければ、具体的な施策に落とし込むことはできない。「親しみやすさ」を形成する要素は何なのか、イメージ広告を打てばよいのか、顧客と接する従業員の応対を変えなければならないのか、などを知る必要がある。

金融サービスに携わる人なら「自社のさまざまな施策は、顧客のロイヤルティ向上、ひいては収益の拡大に本当に寄与しているのだろうか」という疑問を抱いたことがあるだろう。

各企業が競うように導入しているポイント・サービスなどは好例である。

契約数を増やしたり、他社から取引を移して一つにまとめたりすることによってポイントが増え、点数に応じたさまざまな優遇を受けられる。顧客を囲い込み、取引を活性化しようというのが狙いだが、その効果をきちんと検証できているだろうか。たまったポイントで景品や商品券がもらえることによって、本当にロイヤルティは高まっているのか、その効果の分析もせずに、他社がやっているから、という理由で、システム投資も含めた巨額の投資を行うのはあまりにもリスクが大きい。

事例 商品性より重要なことがある
——某大手生保の顧客リサーチ分析

ある大手生命保険会社で、取引を増やしてもらうには何をすればよいかということを主な目的として顧客調査を行った。商品性・相互作用・機関品質の３要素に評価項目を整理し、約１万人の顧客に郵送形式のアンケートを実施したのである。

商品性に関して、保障内容や月々の保険料といった、保険そのものの機能や価格についての評価を聞いた。

相互作用に関して、営業職員への評価を特に細かく聞いた。

機関品質に関しては、その保険会社の信用度や社会貢献をはじめとした企業イメージへの評価を聞いた。

この生命保険会社では、営業職員のパワーセールス（保険のセールスパーソンのお願いセールス）を中心にした従来の体制を少しずつ変えていこうと試みている。それにはまず、他社と差別化した商品をつくることが重要とさ

2－5　共創価値向上のカギを見極める　　81

れており、そのミッションを負った商品開発部署は社内の地位も高く影響力が大きい。そこで開発された新商品を広く顧客に浸透させるために、テレビや新聞を中心としたマス広告が行われていた。当然、商品性が、顧客のロイヤルティを大きく左右すると、だれもが思っていた。

　しかし、顧客調査から出てきた結果は、まったく異なるものだった。相互作用や機関品質と比べると、商品性は、ほとんど、顧客の取引増加意図に影響を及ぼしていないことがわかったのである（図表2-5-2）。
　よく考えれば当然の結果かもしれない。純粋に消費者の立場で考えると、保険というのはわかりにくい商品である。各社が販売している新しい保険商品がどう違うのかなんて、普段意識したこともない。そもそも、これまでの商品と比べてどこが新しいのかさえ、よくわからない。
　実際にこの調査でも、自分が加入している保険の保障額を覚えている顧客は半分もいなかった。また過半数の顧客が、自分の「定期付終身保険」に「満期がある」と答えている。ここまで読んで「えっ？　満期がないの？」

図表2-5-2　優先すべきは商品ではない
〈3要素が顧客ロイヤルティに与える影響度〜某大手生命保険会社〉

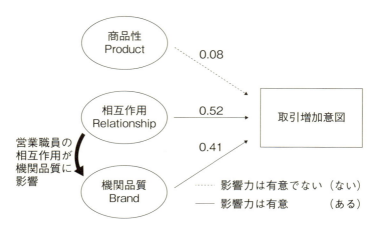

と驚いた読者もいるのではないだろうか。

　金融商品は、そもそも、普通の人にとってわかりにくい商品である。その
なかでも生命保険は、預金・証券・ローンなどに比べ、さらにわかりにく
い。実際にベネフィットを得るのは加入してから何年・何十年も先。しか
も、そのほとんどが自分が死んだ後であり、契約後にその価値を評価する機
会もほとんどないのだ。他の金融商品に比べて、顧客の側の理解度が、圧倒
的に低いのである。わからずに買っているから、商品性はロイヤルティには
影響しない。

　もう一つ重要な分析結果がある。図表2-5-2を見てわかるように、機
関品質（企業イメージ）が高まれば共創意識が向上するという構造になって
いる。では、そのイメージに影響を及ぼしている、つまりイメージを形成し
ている最も大きな要因は何か。実はテレビや新聞を中心としたマス広告では
なく、営業職員であった。顧客にとっては直接接する営業職員＝○○生命保
険なのである。有名タレントを起用して、華やかなテレビや新聞を中心とし
たマス広告を打つことは話のネタにはなるかもしれないが、企業のイメージ
アップにはつながっていなかった。ましてや共創意識の向上にはほとんど寄
与していない。この保険会社では、広告費用の一部を営業職員の教育研修に
振り向けるべきであるという結論に達した。

メッセージ

　何をすれば、より共創意識が向上するか、共創が促進されるか。正し
く見極めるためには、必要な項目を過不足なく調査分析するためのフ
レームワーク（枠組み）を理解しなければならない。

　　　　　　　　2-5　共創価値向上のカギを見極める

[参考文献]

Lehtinen, J. R. and Laitamaki, J.M. (1989), "Applications of Service Quality and Services Marketing in Health Care Organizations," Building Marketing Effectiveness in Health Care, 45-48.

[注]

(1) **コーポレート・ブランド**　企業（名）そのものがブランドとしての価値をもっていること。商品を製造している企業だけでなく、販売する企業がブランドとなる場合もある。金融サービスにおけるブランドはほとんどがコーポレート・ブランドである（ブランドについては第4章4−9で解説）。

コラム3　銀行員の常識は世間の非常識　その1
——「当たり前のこと」をしただけでも、顧客は怒る

　住宅ローンの話を二つ。まずは、Eさん、31歳、主婦。
　……住宅ローンの契約の日に初めて「火災保険」に入ることを知らされたんですよ。その場で結構大きな金額、35年分くらいの契約させられそうになって、「え〜っ？？」って感じでした。
　「聞いてない！」といったら、「みなさんウチで住宅ローンを組んだら入ってもらっています」という。「保険会社も自分で選べないんですか！　そもそもなんで一括払いなの？」と文句をいったのですが、そのときの対応がまたひどかった。「ウチは低金利で特別にお貸ししてますから」とか「稟議書を書いて特別な措置をとっております」とか、もういかにもの恩着せ営業トーク。まるで悪徳商法みたいですよね。もう少しで住宅ローンの契約するのをやめて帰ろうかと思ったくらいです。……

　続いて、Fさん、40歳、会社員。
　……最初にマンションを買ったとき、住宅会社にいわれるままにS銀行でローンを組みました。翌年、一戸建てに買替えをしようと思い、その銀行の窓口に相談に行ったら、「あー、Fさん。おたくローンセンター経由で申し込んだでしょう？　今回もローンセンター経由で相談に来てください」
　何がお気軽に相談だよ！　相談なんか乗ってくれねぇじゃん！
　結局、不動産屋の紹介で別の銀行でローンを組むことになったので、抵当権を外してもらおうとS銀行に電話をかけました。そうしたら今度は別の人が出て、「ところで、今回はどうして当行をご利用いただけなかったのでしょうか?」
　あきれて、しばらくは何もいえませんでした。……

　どちらの話も、担当した銀行員は、内部のルールに従っただけ。きっと、悪いことをしたという意識は何もない。しかし、顧客は、そうは思っていない。明らかにギャップがある。
　実は、その場で怒鳴りつけられたほうが銀行にとっては良いかもしれない。顧客の気が少しでも晴れるからだ。不満を爆発させたい気持ちを抑えた顧客は、その銀行の悪口をいう。それは昔のように会う人ごとにいう、などというなまやさしいものではない。いまやSNSでの投稿は次々と拡散されて何千、何万、何十万という人の目に触れることになる。SNSで注目されればマスメディアが報道し、インパクトはますます大きくなる。顧客視点をもてない銀行は、常にこの大きなレピュテーションリスクにさらされているといえよう。そうやって、気づかぬうちに、顧客が減っていく。

2−5　共創価値向上のカギを見極める　　　　85

2-6

「当たり前」と「魅力的」を区別する

> 待ち時間は、いったいどこまで減らせば、お客さまは満足してくれるのでしょうか。
>
> ——某地方銀行の CS 担当者

調査によって「顧客が求めていること＝やらなければならないこと」が理解できたとしよう。その次に出てくる問題は、「どこまでやれば良いのか」である。

フレームワーク　当たり前品質と魅力品質

サービスの品質は、「当たり前品質」と「魅力品質」に分けることができる。図表2-6-1は、それぞれの品質の水準と満足度の関係を示したグラフである。当たり前品質は、常にある一定のレベル（図表の水準②）を満たしていて当たり前、という品質であり、それ以下の場合には顧客の満足度は急激に下がり、水準①では、不満になる。いわば顧客にとっての足切り基準。品質を高めれば高めるほど満足度が上昇するというわけではなく、あるレベル（図表の水準②）を超えるとそれ以上は満足度に影響しなくなる。

一方、魅力品質とは、品質の高さに比例して顧客の満足度が上昇する。

図表2-6-2は、当たり前品質と魅力品質の構造を表している。当たり

86　　　第2章　顧客ロイヤルティと共創価値の高め方

図表2−6−1　サービス充実度と満足度との関係

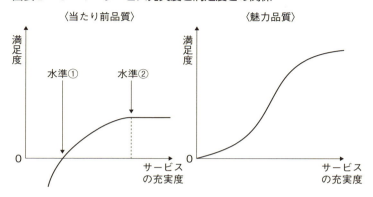

図表2−6−2　顧客満足のピラミッド

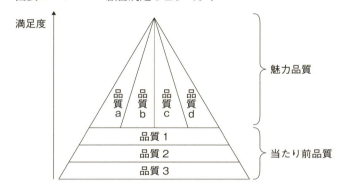

前品質である品質1〜3は、ピラミッドのいわば土台であり、どれか一つでも一定のレベルを下回ると、満足というピラミッドの高さは低くなってしまう。ところが、魅力品質である品質a〜dは、いずれか一つが低くても、ほかの品質が高ければ総合的な満足度は変わらない。つまり、代替がきく品質であり、代替できるということは、どれを選択して品質を高めるかはその企業の戦略的判断に委ねられる（＝競合との差別化の源泉になる）ということになる。

2−6　「当たり前」と「魅力的」を区別する

「当たり前品質」は、競争のスタート地点に立つために、最低限必要な品質である。それをいくら高めても、最終的に競合他社と差別化することはできない。差別化するには、「魅力品質」を高め、他社にはない自社の魅力をアピールする必要がある。「当たり前品質」の一定水準を維持し、「魅力品質」に経営資源を集中していくことは企業収益に効果がある。一方、「当たり前品質」が顧客の求める一定水準をすでに超えているのに、その品質を高めるための投資を続けるのは無駄である。

もちろん、かけられるコストに限界がある以上、すべての「魅力品質」を高めることはできない。自社の顧客がどういう「魅力品質」を求めているか、どの程度「魅力品質」を上げればロイヤルティが最も上がるかを知ることが、重要になる。

自分たちがいま打とうとしている施策が、どちらの種類の品質に関係していて、その品質は、いまどの水準なのか、これらを理解することが、効率的な資源配分につながってくるのである。

事例　待ち時間とアドバイス力

ある地方銀行の顧客調査で、個々の品質と、満足度・ロイヤルティの関係を分析した。横軸は、5段階で聞いた品質への評価。縦軸は、7段階で聞いたロイヤルティの平均点を表している（図表2−6−3）。

左の待ち時間のほうのグラフを見ていただきたい。待ち時間が長いと答えた（5段階評価の1と2の）顧客のロイヤルティは、そうでない顧客より、かなり低くなっている。しかし、5段階評価の3を超えると、それ以上、待ち時間への顧客の評価が高くなっても、ロイヤルティにほとんど影響はない。この銀行では、待ち時間は「当たり前品質」である。

図表2-6-3　サービスの質とロイヤルティの関係

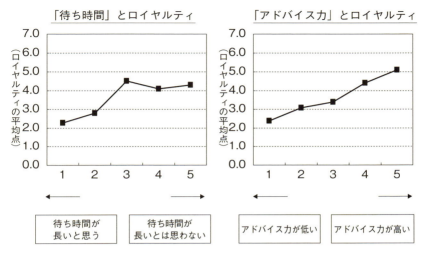

　1や2の評価がついている店舗や時間帯を特定したうえで、改善を図ることはありうるが、「待ち時間」が3以上の水準を確保できているところでは新たな施策は必要ない。
　逆に、右のアドバイス力のグラフでは、顧客の評価が高まれば高まるほど、ロイヤルティも高くなっている。「魅力品質」である。もちろん、個々の行員によるスキル差はあるが、全体としてのスキルアップを図ることが有効である。
　何が「当たり前品質」で、何が「魅力品質」であるかは、競合他社を含めた環境によって、商品・サービスの種類によって、そして顧客によって異なる。
　たとえば日本の銀行では、事務処理が正確だというのは明らかに「当たり前品質」である。ミスが多いと顧客は減るが、ミスが少ないことをアピールしても顧客は増えない。しかし、米国のように顧客が「銀行はミスをするものだ」と思っているところでは「魅力品質」になりうる。「当行は事務ミス

2-6　「当たり前」と「魅力的」を区別する　　89

を減らすために、こういう施策を打っています」とアピールして、競合他社と差別化を図ることが可能なのだ。

たとえば、スターバンク（現在のU.S.バンコープ）の顧客サービスの評価を高めた有名な施策に「五つ星サービス保証（Five Star Service Guarantee）プログラム」というものがある。「これができなければ5ドルお支払します」として、さまざまなサービスのレベルを規定している。そのなかに、「質問にすぐ答えます」「窓口で5分以上お待たせしません」「常に使えるATMがあります」と並んで「（顧客に送る）ステートメント（取引明細）を間違えません」というのが入っているのである。

業界動向や商品・サービスの成熟度などによっても「当たり前」と「魅力的」は移り変わる。この本の初版を書いていた2003年の時点では、日本の金融サービス企業は、銀行も保険会社も、「経営の健全性」という「当たり前品質」であるべきものへの評価を上げる（アピールする）のに、血眼になっていた。しかし、「当たり前品質」が傷つき、それを回復させるのに必死という状況は、異常事態である。経営健全性は、最低限必要なことであり、それがすなわち、最終的な勝ち組に入ることにはつながらない。ローカウンターの相談窓口にパーティションを置いて、隣の顧客から見えないようにすることは、かつては「魅力品質」であったが、現在は多くの企業が取り入れ「当たり前品質」になった。

2018年現在、インターネットでの購買に慣れたデジタルネイティブ世代は、使い勝手が良いインターネット・バンキングのユーザー・インターフェイスやユーザー・エクスペリエンス（UI/UX）を「当たり前品質」と考えている。ほとんどの銀行がこの当たり前品質の水準に達していないなか、FinTech企業はUI/UXを武器に大量に参入してきている。このままでは、既存の銀行は競争のスタート地点にも立てないだろう。しかしFinTechも安泰ではない。次に顧客が何を「当たり前品質」ととらえ、何を「魅力品

質」ととらえるのか、自分たちの顧客に聞いてみなければ見誤ることになる。

> **メッセージ**
>
> ターゲットとなる顧客層にとっての「魅力品質」とは何か。それを知ることが競合他社との差別化を図るカギとなる。

[参考文献]
狩野紀昭、瀬楽信彦、高橋文夫、辻新一（1984）、「魅力的品質と当たり前品質」、「品質」14（2）、147〜156頁
嶋口充輝（1994）、『顧客満足型マーケティングの構図』、有斐閣　68頁および72頁を加筆修正

第 3 章

金融マーケティング戦略

3-1

マーケティング戦略構築のプロセス

当行の今年度の戦略は、住宅ローンを300億円増強し、手数料収入を10億円増やすことです。

——某地方銀行の経営計画より

戦略とは、どのような顧客に、どのような価値を提供することにより、競合他社ではなく自社を選んでもらうかを明確にすることである。売上げをいくら伸ばす、収益をいくら伸ばすというのは、単なる目標であって戦略ではない。

フレームワーク1　STPA

マーケティング戦略を構築するプロセスは「S→T→P→A」と呼ばれる。まずやるべきことは、自社の市場を「セグメンテーション＝S」（細分化）することである。

市場全体（すべての企業・個人）を対象に、万人向けの商品を開発して売るというやり方（マス・マーケティング）は、顧客の価値観が多様化し、また顧客が選択権を握っている時代では成立しない。すべての顧客に好まれる商品やサービスなどありえないからである。だからといって経営資源は限られている。顧客一人ひとりを満足させるために、ありとあらゆる商品をテー

ラーメイドで提供する（ワン・トゥ・ワン・マーケティングする）というやり方は、商品の価格が相当高価なものでなければビジネスとして成立しない。

マス・マーケティングでもワン・トゥ・ワン・マーケティングでもないやり方が必要になる。それがターゲット・マーケティングという考え方である。共通する特徴をもった顧客を集め、顧客を一人ひとりではなく塊（グループ、あるいは、セグメント）としてとらえ、その塊のニーズに合わせて商品やサービスを開発しようという考え方である。それにはまず、自分たちの顧客がどのような塊に分かれるかを知らなくてはならない。それがセグメンテーションである。

セグメンテーションができたら次にどの塊の顧客を対象（ターゲット）にするかを考えなくてはならない。それが「ターゲティング＝Ｔ」である。ニーズの強さや市場規模、自行の競合他社と比べた強みなどを考慮したうえで優先順位をつけ、攻めるべき顧客層を決定する。ターゲットを選択するには、そのセグメントに属する顧客が、自社を選んでくれる明確な理由がある

図表３－１－１　ターゲット・マーケティング－セグメンテーションの必要性

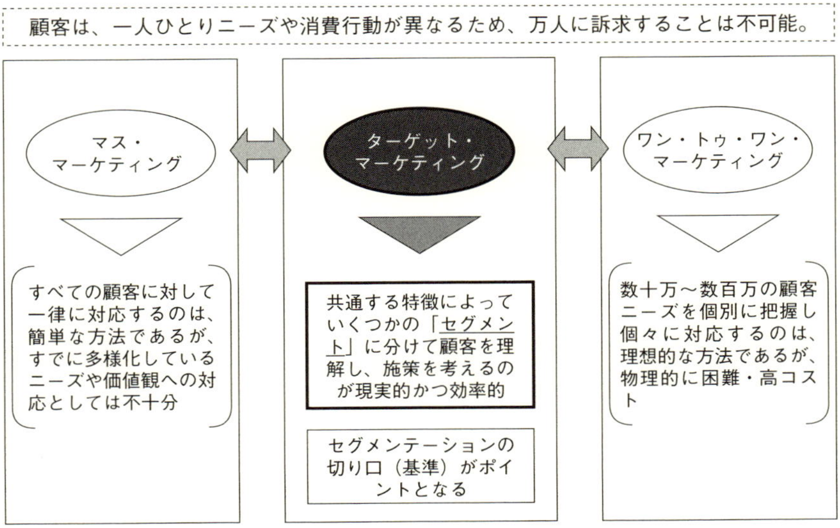

顧客は、一人ひとりニーズや消費行動が異なるため、万人に訴求することは不可能。

マス・マーケティング

すべての顧客に対して一律に対応するのは、簡単な方法であるが、すでに多様化しているニーズや価値観への対応としては不十分

ターゲット・マーケティング

共通する特徴によっていくつかの「セグメント」に分けて顧客を理解し、施策を考えるのが現実的かつ効率的

セグメンテーションの切り口（基準）がポイントとなる

ワン・トゥ・ワン・マーケティング

数十万〜数百万の顧客ニーズを個別に把握し個々に対応するのは、理想的な方法であるが、物理的に困難・高コスト

３－１　マーケティング戦略構築のプロセス　　　95

ことが必要になる。

　その理由を明確化する部分が「ポジショニング＝P」である。競合他社と自社の違いを明確にするとともに、その違っている部分がターゲットにしている顧客層が欲しているものでなければならない。「価格が競合他社より高い」というのは、異なっている点ではあるが、それで顧客が自社を選んでくれるわけがないのはおわかりいただけるであろう。

　この例だと当たり前だといわれそうなので、もう一つ、例をあげる。「競合他行より店舗ネットワークが充実している」というのはどうであろうか。いろいろな店舗を利用したいという顧客層にとってはそれが選択理由になるかもしれない。しかし、自宅や職場の近くに一つだけ自分にとって便利な店舗があればいいと思っている顧客層にとっては、たとえ県内に何百店舗あろうとも関係のない話になる。もちろん、そもそも店舗など利用したくないという顧客層にとっては、店舗ネットワークの充実度は銀行を選択する理由にはならない。

　このように、ポジショニングを考えるときには、常にターゲットとする顧

図表３－１－２　STPA

| S | セグメンテーション | （市場をニーズの似通った塊に分ける） |

⬇

| T | ターゲティング | （自社が対象とする顧客グループを決める） |

⬇（繰り返し）

| P | ポジショニング | （ターゲット顧客に自社を選んでもらう理由を明確化する） |

⬇

| A | アクション | （具体的な施策をつくる） |

客層が何を望んでいるのかを考慮しなくてはならない。そして、その顧客層に対して自分たちの強みが継続的に発揮できるかを、自社・競合他社の経営資源を見据えて検討する。自社のターゲットのニーズと自社の現在のポジションが合わなければ、ターゲットを選び直すことも必要になる。そういう意味では、ターゲティングとポジショニングは行ったり来たりしながら考えることになる。ここまでの「S→T→P」部分が戦略構築である。

そして「アクション＝A」が、このSTPで構築した戦略に基づいて、具体的な施策を展開する戦術の部分になる。逆の言い方をすれば、戦略が固まらないで具体的な施策だけを考えることはありえない。

フレームワーク2　サービス・マーケティング・ミックスの7P

通常、消費財のマーケティングでは、マーケティングの具体的な施策を考えるときには、4Pと呼ばれるマーケティング・ミックスのフレームワーク（枠組み）が使用される。マーケティング・ミックスとは、ポジショニングを実現させるための具体的な施策をつくる際に考慮すべき要素を整理したものである。英語の頭文字をとって4Pと称される。

図表3－1－3　マーケティング・ミックスの4P

| ① Product（商品）：どのような特徴をもった商品・サービスにするか |
| ② Price（価格）：いくらで提供するか |
| ③ Place（流通・チャネル）：どこで提供するか |
| ④ Promotion（販売促進・コミュニケーション）：どのように伝えるか |

3－1　マーケティング戦略構築のプロセス　　97

(1) Product（商品）

どのような特徴をもった商品にするか。たとえば、預金商品であれば、預入期間・預入最低金額・満期時の取扱い・中途解約時の取決めなどがこれに当たる。品揃えもここに入る。もちろん、顧客が買いたくなるようなものである必要がある。

(2) Price（価格）

いくらで提供するか。金利、手数料などがこれに当たる。商品間の価格差や、特別なディスカウントなど、価格戦略にまつわるものがすべて関係する。顧客に受け入れてもらえて、なおかつ、企業として収益を確保できる価格設定が必要となる。

(3) Place（流通・チャネル）

どこで提供するか。店舗に来てもらうのか、渉外係が訪問するのか、郵送やネットでも買えるようにするのか、それらチャネルの営業時間をどうするかといったことがここに入る。顧客が買いやすい環境でなければ、いくら良い商品でも売れることはない。

(4) Promotion（販売促進・コミュニケーション）

どのように伝えるか。プロモーションというと広告宣伝のみを指すように聞こえるが、ここには、プレスリリースやセールス担当者との会話など商品の良さを伝えるための顧客とのコミュニケーション全般が入ってくる。どれだけ良い商品があったとしても、その良さが伝わらないと、顧客は買いに来てくれない。

これら四つの要素は独立しているものではない。お互いに密接にかかわり

あっている。ターゲティング（どういう顧客層を対象にしているのか）とポジショニング（その顧客層にどういう理由で選んでもらうのか）をふまえたうえで、四つの要素が同じ方向を向き、互いにシナジーを起こすように決めていくことが重要になる。

前述したように、上記の4Pは、消費財のマーケティングの際に使われるフレームワークである。金融サービスの具体的なマーケティング施策を考える際には、さらに三つのPが増え、7Pというフレームワークが使用される。

第1章（図表1－3－2）で解説したIHIPなどのサービスの特徴が問題になるのは、その特徴のために通常のモノの財とは異なる戦略が必要になるからだ。サービスのマーケティング戦略を考えるとき、モノの財で使われるマーケティング・ミックスの4Pでは不十分なのだ。サービスのマーケティング・ミックスは、4Pに3P（有形化：Physical Evidence、提供過程：Process、顧客参加：Participants）を加えた、7Pとなる。先述のサービス財の特徴とサービスに特有のマーケティング・ミックス3Pの関係は図表3－1－4のようになる。

図表3－1－4　サービス・マーケティングに必要な三つのPとIHIP

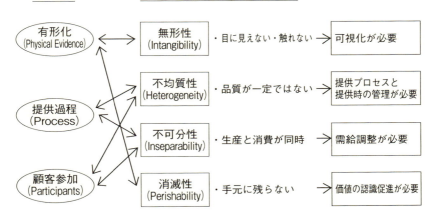

⑸　Physical Evidence（有形化）

　「無形」なので客観的には品質をとらえにくいサービスを、顧客は主観で評価する。顧客の知識や好みは異なり、顧客の主観的評価も、当然異なる。そのため、どのような顧客がどのようなサービスをどう評価しているかは顧客に直接聞かないとわからない。

　また、サービスは「消滅」して顧客の手元に品物が残らないため、サービス品質の評価はさらにむずかしくなる。そのため、サービスによって何が得られるかを、「目に見える手がかり」にして価値を伝えたりすることが必要となる。無形財を有形化するのは、受けたサービスの価値を顧客にわかってもらうための手段なのだ。

　ホテルの客室に、清掃担当者の名前を書いた小さなカードが置いてあるのを見たことがないだろうか。あれは「心をこめて部屋をていねいに掃除しました」という無形のサービスを有形化する手段である。企業の信用力や安定性といった目に見えない品質を、顧客は、店舗のロビーやカウンターが清潔で整理整頓されている、という「目に見える」もので判断したりする。普通の顧客は企業の信用力を財務指標のような数字をもとに判断したりしない。

⑹　Process（提供過程）

　先述のとおりサービスは、「生産と消費が同時（不可分性）」「手元に残らない（消滅性）」、在庫しておくことができないという性質がある。そのため、サービスが生産され消費されるときの、「サービス提供過程」の設計が重要になる。ハード的要素である店舗レイアウトや、情報システムの機能・性能、ソフト的要素である従業員の専門知識やコミュニケーションスキルなど、サービスを提供する過程（プロセス）にはさまざまな要素が含まれている。それらを従業員にとっても顧客にとってもストレスなく、共創活動を起こしやすいかたちにすること、全体として顧客のロイヤルティを高める方向

100　　　　　　　第3章　金融マーケティング戦略

で設計することが重要である。

(7) Participants（顧客参加）

サービスの品質は、その時、その場所、その人に影響を受ける。特に「人」が主な提供手段である場合、従業員のスキルや能力には差があり、「同じ品質を保ちにくい」。顧客はサービスを受ける前に、これまでの経験から、なんらかの期待をもっている。質を一定に保てないということは、顧客の期待を裏切ることでもある。良い方向に裏切る（期待より高いパフォーマンスによって満足する）ことも、悪い方向に裏切る（期待より低いパフォーマンスによって不満になる）こともありうる。

ある時、期待を上回ったとしても、その結果高まった期待を、次に下回るリスクが生まれる。そのため、いかに顧客の期待をコントロールするかが非常に重要になる。その方法の一つが、顧客をサービス提供プロセスに巻き込む「顧客参加」である。

提供プロセスに参加することによって、顧客は従業員のかわりにサービス提供プロセスを遂行する、いわば外部従業員となる。自身がかかわることによって、顧客はサービスの結果に対して納得する度合いが高まるのである。たとえば、振込みの手続に長い時間がかかったとしても、自分がATMの操作を間違えたことが理由ならば、仕方ないと納得するだろう。また、投資した株が値下りしたとしても、買う前に証券会社の営業担当者の説明を納得するまで聞き、よく吟味して自分で決めたことならば、「あの営業マンに勧められたから」と恨むことはない。

4P同様、7Pでもマーケティング・ミックスはシナジーを目指す。

シナジーを考えないとどうなるか。たとえば、株式投資信託の販売を考えてみよう。営業統括部は、銀行全体での「手数料収入目標」を達成するために、営業店に株式投信販売の高い目標を与えて、厳しく実績管理をしている。営業店が普段親しくしている顧客のほとんどは、リスクを取りたくない

図表3－1－5　サービス・マーケティング・ミックスの7P

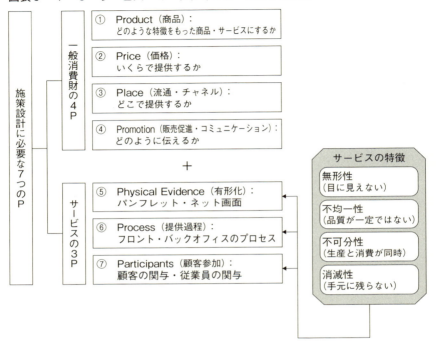

人たち。それでも営業店は、目標を達成するために無理に「お願いして」買ってもらっている。個人部のリスク商品担当者にとっては、コンプライアンスが最大の関心事。リスクを理解できない顧客には売らないようにという通達を出した。企画部が人員削減にチカラを入れている結果、営業店では一人ひとりの顧客にゆっくり説明している時間はない。そんななか、テレビや新聞では「あなたのニーズにお応えします」というイメージ広告が盛んに流れている。ある顧客は、わけのわからないものを買わされたといって怒り、別の顧客は、興味があるのにだれも相談に乗ってくれないと不満を感じる。顧客も現場の従業員も混乱する。「顧客が何を望んでいるか」という「拠り所」がないため、各部署がそれぞれの思惑と目標をもち、勝手な動きをする

ために、整合性がとれないのだ。

　顧客から見れば、企業は一つである。戦略も具体的な施策も、顧客から見てスジが通っていなければならない。だからこそ意思決定の基準を戦略として定めたターゲット顧客に置き、決してブレてはいけないのである。

事例　**ネガティブ7P スパイラル**

　いまどき珍しくはないが、筆者のコンピュータは Apple 社製である。インターネットブラウザは Safari を使う。

　当社のメインバンクである某メガバンクは、筆者のようなスモールビジネス専用のインターネット・バンキング・サービスを提供している。ある日、久しぶりに会社の口座の資金移動をインターネット・バンキングで行おうとした。普段は経理担当者が行っていて自分で手続するのは何年かぶりである。筆者の ID は期限切れで使えなくなっているので、まず再開しなければならない。便利なはずのインターネット・バンキングに、途方もない労力と時間を費やすこととなった、以下は、その顛末である。

　後から整理してわかったことだが、このインターネット・バンキングの利用再開には次の7つのカギが必要だった。

① 　契約者番号
② 　使用者 ID
③ 　証明書取得用パスワード
④ 　ワンタイムパスワードカード
⑤ 　ログインパスワード
⑥ 　取引実行パスワード

3−1　マーケティング戦略構築のプロセス　　　103

⑦　使用ブラウザ

　時間を追って、説明しよう。
・理由は不明だがとにかく使えないのでフリーダイヤルに電話する。契約者
　番号を入力してオペレーターにつながる。電話口でオペレーターから「契
　約者番号をいってください」と指示される。
　　→こちらは、その番号をたったいま入力したばかりである。何の意味があ
　　　るのかと思いつつも、早くプロセスを進めたいので、番号を伝える。こ
　　　こで初めて用件を聞いてもらえるようになる。使えなくなっているの
　　　で、再開したいと伝える。

・「使用する ID を教えてください」「証明書取得用パスワードを教えてくだ
　さい」と続けて要求される。
　　→これが何の証明書で何のために取得するのかは不明だが、とりあえずこ
　　　れは秘書が先に準備してくれていたので通過する。

・「ワンタイムパスワードカードはおもちでしょうか？　なければお取引で
　きません。郵送するので届いてからまた電話してください」
　　→１週間待って、ワンタイムパスワードカードが郵送されてきた。

・届いたワンタイムパスワードカードを手元に置いて電話。「ログインパス
　ワードと取引実行パスワードはおもちでしょうか？　なければお取引でき
　ませんので、現在のパスワードを解除する手続をしてください」
　　ログインして残高を照会する場合と、振込みなどの具体的取引を実行す
　る場合では、違うパスワードになっているのだという。
　　→どちらのパスワードも数年ぶりなので、無効になっていることが判明す
　　　る。

104　　　　　　　第３章　金融マーケティング戦略

・「再発行には数日かかりますので、お待ちください」

　→これで 4 日待ち。ワンタイムパスワードカード再発行の時にいってくれ
　　れば一回ですんだのだが。ともかく、パスワードのロックを解除する
　　コードが郵送されてきて、パスワード再設定。

・契約者番号、使用者 ID、証明書取得用パスワード、ワンタイムパスワー
　ドカード、ログインパスワード、取引実行パスワードをすべてそろえて電
　話。ここで驚くべき要求がされる。

　「インターネット・エクスプローラーでログインしてください」

　「Safari なんですけど」

　「？」

　「Mac なんです」

　「Windows パソコンにしか対応しておりませんので、お客さまのパソコン
　ですとお使いいただけません」

　→なぜそれを最初にいわない？

　7P のシナジーどころか、7P がネガティブスパイラルを起こしている事例
である。

　スモールビジネスオーナーをターゲットとするサービスなのに、Mac 標
準ブラウザに対応していないという商品設計時点で、問題外である。ある調
査によれば、スタートアップ企業では Windows よりも Mac ユーザーのほ
うが多いというレポートもある。ターゲット層と商品性に乖離が生じてい
る。

　次に、プロセスが顧客にとって煩雑、かつ、銀行にとっても不効率であ
る。顧客はインターネット・バンキングには、インターネットで物事が完結
する利便性を求める。もちろん、銀行も窓口や渉外係の訪問に比してコスト

3-1　マーケティング戦略構築のプロセス　　　105

削減になる。ところが、そういった商品の訴求ポイントに反し、再開手続は郵送書類の1週間待ち、4日待ち、電話対応など、商品目的との整合性がない。

さらに、参加者である電話オペレーターは顧客の「インターネット・バンキングの使用を再開したい」という唯一の望みを理解せず、電話でのその時その場で聞かれたことのみの対応に終始している。商品性やプロセスの不備のリカバリーが可能なコンタクトポイントにおいて、さらに状況を悪化させている。

7Pがターゲット顧客に向けてシナジーを起こすことがサービス経験を際立ったものにし、競争優位をつくる。その逆もまた真である。

メッセージ

マーケティング戦略構築は、セグメンテーション→ターゲティング→ポジショニング→アクション（S→T→P→A）というプロセスをとる。ポジショニングを考える際には、競合他社と差別化できているだけでは不十分で、自社がターゲットとしている顧客層に、進んで自社を選んでもらえる理由を明確化しなければならない。

3－2

現在収益で
セグメンテーションしてはいけない

> 当行では、預り資産が1,000万円以上の顧客が、最重要セグメントです。
>
> ——某地方銀行役員

マーケティングの戦略・戦術を実現させる際に最も効率的なのは、ターゲットとしている顧客層が似たようなニーズをもった人たちの集まりになることである。ニーズが共通していれば気に入ってもらうために企業としてやるべきことの焦点を絞ることができる。では、どのようにすれば似たような人たちをグループ化できるのであろうか。カギは「S→T→P→A」の最初のプロセス、セグメンテーション（S）の切り口である。

フレームワーク	金融ライフスタイルによる セグメンテーション

企業収益は多くの場合、いわゆる「パレートの法則」、すなわち、「２：８の法則」が当てはまる。全体の２割の顧客がその企業の収益の８割を稼ぎ出している、ということである。リテール金融サービスの収益構造は、もっといびつなかたちで、１割未満の顧客が９割を超える収益を稼ぐというのが実態に近い。

この１割未満の高収益顧客をグループ化し、他の顧客よりも手厚いサービ

スを提供していこう、と考える銀行がある。つまり顧客を現在の収益性によってセグメント分けし差別化するというのである。

これはしてはいけないセグメント分けの代表例だ。

ある地方銀行では、預金・国債・投資信託などの預り資産1,000万円以上をプライム顧客層、300万〜1,000万円をコア顧客層、それ以下をマス顧客層とする三つのセグメントをつくり、これらのセグメント別にコンタクトチャネルが機械的に振り分けられている。最重要セグメントであるプライム顧客層は、銀行として「お金をかけても」対応する顧客。したがって、資産運用の相談に乗ることができる総合職の行員が担当する。コア顧客層は、次に大事な顧客。ここには、渉外アシスタントとして一般職やパートの嘱託社員を活用する。それ以外のマス顧客層は、儲からない顧客だ。渉外担当者がついても割に合わないので、銀行にとって低コストであるインターネット・バンキングへの誘導を行っている（図表3−2−1）。

図表3−2−1　顧客ニーズを無視したセグメンテーション

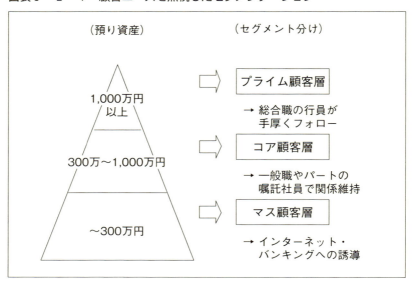

別にこの地銀が特殊なのではない。多くの金融機関が顧客をセグメント分けする際、自社との取引振り（取引額・サービス利用実績）を基準とすることは多い。顧客別の収益を測れる仕組みを取り入れているところは、収益額でセグメンテーションしているところもあり、残高と収益額の併用もある。そういったシステムがない銀行は、この地銀のように、預り資産残高・ローン残高などで分けている。銀行以外の業態では、サービス利用量やその手数料額などによってセグメント分けをしている。

　しかし、これらは、いずれもセグメンテーションのアプローチとして間違っている。現状の収益性でセグメント分けした顧客が「共通のニーズ」をもっていることなど、ありえない。

　資産をたくさん預けている「プライム顧客層」の顧客がみんな、渉外担当者に手厚くケアをしてもらいたい、運用のアドバイスをしてほしいと思っているわけではない。たとえば、いま1,000万円以上預けてくれているからといっても、「投資経験が豊富で、投資判断は自分で下すのが当然、むしろ自分の金融知識に自信があって、人からとやかくいわれたくない。銀行に期待するのは、インターネットやダイレクトメールなどでのタイムリーな情報と選択肢の提供。忙しいから、そもそも渉外担当者と会う暇すらない」というような顧客のところに、渉外担当者が足しげく通うのは逆効果でしかない。また、資産運用の中身をとっても、絶対に元本が割れるのはいやだという人もいれば、リスクは覚悟のうえで資産を増やしたいと思っている人もいる。

　一方、マス顧客層も現時点での取引残高がたまたま小さいからといって、運用に関する相談が不要とは限らないし、運用相談に乗ることが銀行にとって収益性が低いことだとも限らない。自社との取引は少ないが、それは資産全体のごく一部を分散投資として置いているだけかもしれない。その人の家族はものすごい資産家かもしれない。そもそも、この層がみんなチャネルと

3-2　現在収益でセグメンテーションしてはいけない　　109

してインターネット・バンキングを望んでいるとは思えない。

　いま現在の短期的な採算面だけを考えれば、儲かっている顧客にはそれに見合ったコストをかけるのは一見理にかなっている。しかし、自社にとって収益性が高いかそうでないか、というとらえ方は、そもそも企業側の一方的な視点から見た一時的な顧客の姿にすぎない。そのようなセグメンテーションをすると、多種多様なニーズがある顧客が一つのセグメントに混在することになり、非効率的となる。

　顧客情報のデータベース化に積極的に取り組み、年齢や家族構成、年収といったいわゆる属性情報の精度を高めるためにさまざまな努力を行っている銀行がある。こうして構築されたデータベースを活用して、年収が一定の金額以下の顧客にカードローンのDMを送る、あるいは年齢が55〜60歳の顧客に年金相談セミナーの勧誘の電話をかけるなど、属性によって顧客をセグメントに分け、さまざまな施策を実行しているという。もちろん20代の顧客に年金関連商品の案内をしても無意味であるし、子どもがいない顧客に教育ローンを勧めるのはナンセンスであろう。しかし、属性はあくまで、その顧客を知るための最低限の情報にすぎない。属性情報だけで顧客のニーズを理解することはできないのである。

　では、どうすればよいのだろうか。お見合いを例に考えてみよう。仲介者からお見合い相手を紹介された時点で得られる情報は、年齢、職業、勤務先、学歴、家族構成、趣味などである。そうした属性情報によって、お見合い候補として条件を満たすかどうかの判断はできるが、結婚相手としてふさわしいかどうかはわからない。実際に会ってみて、何が好きで何が嫌いか、どんな性格なのか、結婚相手に何を求めているのか、などお互いの深い情報を知る必要がある。

　マーケティングも同じである。「30代後半のサラリーマン、妻と子ども2

図表３－２－２　より良い顧客のセグメント分け：金融ライフスタイル

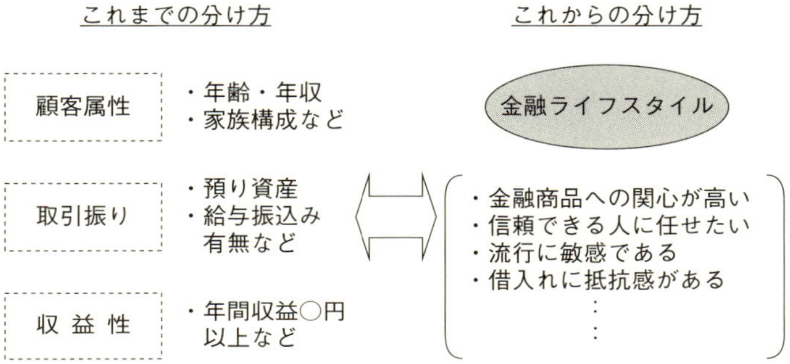

これまでの分け方　　　　　　これからの分け方

顧客属性
・年齢・年収
・家族構成 など

金融ライフスタイル

取引振り
・預り資産
・給与振込み
　有無 など

・金融商品への関心が高い
・信頼できる人に任せたい
・流行に敏感である
・借入れに抵抗感がある
　　　：
　　　：

収 益 性
・年間収益○円
　以上 など

人、年収が600万〜700万円」という人が、みんな同じことを考え同じことを望んでいるわけがない。価値観や行動・思考のスタイルといった心理的な要素を加味して顧客をセグメント分けしなければ、本当のニーズに応えることはできない。金融サービスでは、お金や人生にかかわる価値観や行動スタイル（私たちは「金融ライフスタイル」と呼んでいる）によるセグメンテーションこそ、より良い顧客の分け方なのである（図表３－２－２）。

事例　金融への「興味」によるセグメンテーション

　金融ライフスタイルの一つとして「興味」という切り口がある。
　顧客が商品やサービスを選択・購入するということに対してどの程度興味をもっているか。言い換えれば、選択・購入の意思決定をどの程度重要と考えているか、ということである。
　たとえば、ワイン好きの２人の男性がいるとする。年齢も同じくらいで、ワインを飲む量もほとんど同じ。しかしこの２人では、「興味」のレベルが違う。１人は特に銘柄にはこだわらず、赤か白かを選ぶくらいで、あとは予算内で買えるものなら何でもかまわない。お店の人に勧められたものがあれ

3－2　現在収益でセグメンテーションしてはいけない　　　111

ば迷わずそれを買う。もう1人は徹底的にこだわる。生産地、生産年、生産者、価格とのバランスなどを比較するだけでなく、その日の気分や一緒に食べる料理によっても当然選択の基準は変わってくる。2人は明らかに価値観・行動スタイルが異なっている。属性（年齢）や取引振り（ワインの購入量）が同じだからといって、店側はこの2人に対して同じようなやり方でワインを売ろうとはしないはずである。

　ここで、ある銀行で行った顧客リサーチの例を紹介しよう。リサーチの回答結果から、運用商品の再購買意図（たとえば定期預金であれば満期がきても解約せずに更新しようと思うかどうか）に影響を与える要因を探ることになった。目的は、定期預金の継続率を高めるために何をすべきかを導き出すことである。さまざまな切り口から分析を行った結果の一つが、運用商品の再購買意図に影響を与える要因は顧客の金融取引に関する「興味」の度合いによって異なるというものであった（図表3－2－3）。

　金融に対する興味が低い顧客グループで、運用商品の再購買意図と因果関係が最も強かったのは、普通預金口座の入出金や振込みなど、いわゆる決済サービスでの満足度であった。運用商品自体の利回りや品揃え、あるいは販売する職員の説明などは、運用商品の再購買意図に大きな影響を及ぼしていなかった。つまり、このグループに定期預金を継続してもらうには、日々の取引で満足してもらわなければならない。

　高利回りの預金商品を見せたり、担当者のFP[1]知識を振りかざしても、あまり役には立たないのだ。

　一方、金融に対する興味が高いグループについては、「渉外担当者や窓口職員が、親身になって個別に相談に乗ってくれるかどうか」という点が、運用商品の再購買意図に最も強い影響を及ぼしていた。

　これらは分析のほんの一例にすぎないが、金融に対する顧客の興味が高い

図表3－2－3　金融への「興味度」によるロイヤルティ構造の違い

（分析手法：共分散構造分析）

＊矢印の数字が大きいほど影響度が強い

A．興味が低い顧客グループ

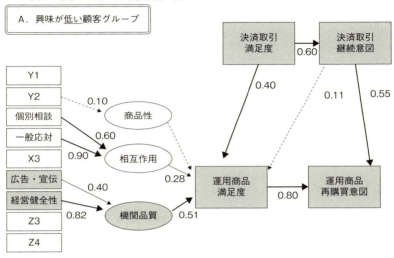

B．興味が高い顧客グループ

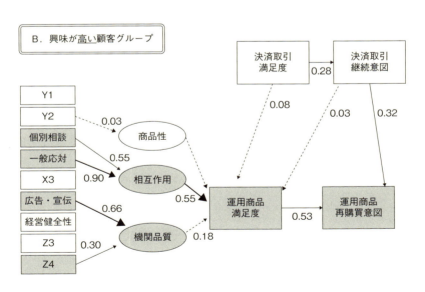

3－2　現在収益でセグメンテーションしてはいけない　　113

か低いかによって、何をすべきかが明らかに異なることがおわかりいただけたであろう。

　この調査ではある発見があった。顧客の取引データを分析したところ、興味の高さ・低さと、取引振りとはまったく関係がなかったのである。預り資産が多い顧客ほど興味が高く（金融取引を重要と考えている）、少ない顧客は興味が低い（金融取引をそれほど重要と考えていない）というわけではなく、取引振りでは顧客の興味という価値観を見分けることはできないのである。

　金融サービスは、買ってもらって終わりという単純なものではない。企業イメージ、利便性、職員の接し方、個別のアドバイスなど、さまざまな点が総合的に評価されて取引の継続や拡大につながる。そして、評価の仕方にはその人の価値観や行動スタイルが影響を及ぼしている。企業側から見た取引振りや収益性、あるいは表面的な年齢や家族構成といった情報だけで顧客の価値観や行動スタイルを判断することは決してできない。

　金融ライフスタイルによるセグメンテーションの軸は、どの企業でも同じとは限らない。ある大都市圏の地方銀行では、「アンチ・ブランド志向」という軸が抽出された。競争が厳しく、常にメガバンクや外資系銀行が新しい動きを起こしている地域で、あえてその地方銀行を選択する顧客は「流行に惑わされない」ところが好きなのだ。ブランド志向が低いほど、この銀行に対するロイヤルティは高い傾向ある。逆に、ブランド志向の強い顧客は、いま現在、その地方銀行への預金額が大きかったとしても、それは金利に魅かれた一時的な分散投資でしかない。金利が下がれば、競合他社へ逃げていく可能性が非常に高いことも分析から確認された。この銀行自体に対するロイヤルティを感じていないのである。どういう顧客を大切にすべきかは明らかであろう。

114　　　　　第3章　金融マーケティング戦略

具体的アクションへの展開

　最後に、金融ライフスタイル・セグメントをどう実践に活用していけばよいか、簡単に述べておきたい。

　私たちはよくこんな質問を受ける。「たしかに金融ライフスタイルという切り口は重要だと思います。でも、どの顧客がどのセグメントに属するかわからないと、アクションがとれないのではないでしょうか」。つまり、たとえば投資信託のダイレクトメールを送るべき顧客がピンポイントでわからないと意味がないのではないかという質問だ。

　そう質問する人たちは、「マーケティングとは何か」を正しく理解していない。第1章で述べたが「マーケティング」とは、目の前にいる顧客やデータベース上のある一人の顧客に、何をどのように売ればよいか、を考えるものではない。それを考えるのは「セールス」である。「セールス」は、今日の売上げのために顧客と相対するもの。一方、「マーケティング」は明日のために「売れる仕組み」をつくることである。ニーズが共通している顧客グループの価値観や行動スタイルを知ることによって、より効果的な「仕組み」を構築することである。

　たとえば、借入ニーズの高いセグメントがあり、そのセグメントが、ローンについて何を重視しているのか（何がツボなのか）、がわかれば、そのセグメント顧客にとって訴求効果の高い、つまり「売れる」ローン商品を開発することができる。もちろん、どんな広告宣伝をすればよいか、どんなキャンペーンなら興味をひくことができるのか、どのようなプロセスでサービスを提供すれば最も効率的で満足度も高くなるか、などについても手がかりを得ることができる。一人ひとりのライフスタイル・セグメントを知る前に、マーケティングとしてすること・すべきことは、たくさんある。

3－2　現在収益でセグメンテーションしてはいけない　　　115

金融ライフスタイルによるセグメンテーションが生かせるのは、商品企画やプロモーションなどのマーケティング分野だけではない。営業現場におけるセールスの実践にも活用することができる。その場合でも、目の前にいる顧客がどのセグメントに属するかを、必ずしも事前に知っている必要はない。

　ある銀行では、渉外活動や窓口で顧客と接する際に、金融ライフスタイルに関する簡単な質問（アンケート）を行っている。その結果に基づき、顧客がどのセグメントに属するかを推測し、そのセグメントに合ったセールス活動を行うのである。

　一人ひとりのニーズに合ったワン・トゥ・ワンの対応、というのは、顧客に接する姿勢としては正しい。しかし、現実のセールスでそれを実践しろといっても、できるのは優秀な一握りの職員にすぎない。「まずこれらの質問をしてみて、とりあえず顧客を三つのタイプ（セグメント）に分類して、セグメントＡの顧客にはこの商品、セグメントＢの顧客にはこのチラシを使って……」というかたちにすれば、普通の職員でも顧客ニーズに合った効果的なセールスが可能となる。

　目の前にいる顧客の金融ライフスタイルを見分ける方法は、いくつか考えられる。かたちの決まったアンケートに限らず、普段の会話のなかからヒントを得たり、顧客の行動や反応の観察から判断することもできる。金融サービス業の強みは、顧客とコミュニケーションをとるチャネルをリアルや、あるいはバーチャルでもっていることである。ほとんどのメーカーがそれらをもっていないことを考えれば、それらの接点をうまく活用しない手はない。金融ライフスタイル・セグメンテーションを有効に機能させる方法はいくらでも考えられる。

```
┌─────────────────────────────┐
│          メッセージ          │
└─────────────────────────────┘
```

　一人ひとりの顧客に個別対応することを考える前に、顧客を共通の
ニーズで分ける。最も効率的な分け方は、顧客の金融に対する価値観や
行動スタイルを軸にする「金融ライフスタイル・セグメンテーション」
である。

［注］

(1)　**FP**　Financial Planning の略。顧客のライフプラン上の目標を達成するため
　　に、貯蓄計画、投資対策、保障（保険）対策、税金対策などトータルな資産
　　運用・設計のためのアドバイスを行うこと。FP 業務を行う人をファイナン
　　シャル・プランナーと呼ぶ。FP の社会的認知および FP 活動のレベル向上を
　　目的として、「ファイナンシャル・プランニング技能士」（国家資格）および
　　「AFPJ（NPO 法人の日本 FP 協会が認定）などの資格制度がある。

3－3

なぜ人は投資信託を買うのか

> 　結局のところ、だれでもいちばん気になるのはいくら得するかでしょう。つまり金利ってことです。
>
> 　だから、いろいろな商品の広告で金利を強調してきました。もちろん、金利競争に不安は感じます。でも、だからってどうすればいいのか……。
>
> ──某第二地銀の広告担当者

　人がある商品、たとえば、自動車を買うのは何のためだろうか？　人によって自動車のもつ意味は異なる。基本的にはある場所からある場所への移動の手段というところは共通かもしれない。しかし、ある人にとってはステータスシンボルになる。ある人にとっては家族・友人と楽しい時間を過ごすための道具である。各々の目的が違うのであれば、自動車が備えておくべき機能や特性、デザインなども異なる。他の業界は消費者が根源的に求める価値の違いによって顧客をいくつかのセグメント（グループ）に分け、各セグメントに合ったコンセプトの製品をつくろうと努力をしている。金融だけが例外で、すべての人が経済的便益、つまり金利や手数料で商品を選択する、というのは銀行員の思い込みである。

フレームワーク　心理セグメンテーション

　人にはそれぞれの価値観があり、その価値観を達成するという目的のために、商品やサービスなどを手段として購入する。ここで紹介する「手段目的連鎖モデル」とは、ある商品を購入する消費者がそれによって充足しようとしているおおもとの価値を理解するための方法である（図表3－3－1）。

　商品・サービスの機能や特徴などの「属性」と目的である「価値観」の間には二つの階層がある。第1の階層は、その商品・サービスを利用することで得られる「機能的」ベネフィット（便益）であり、第2の階層は、「情緒的（心理的）」ベネフィットである。

図表3－3－1　手段目的連鎖モデル

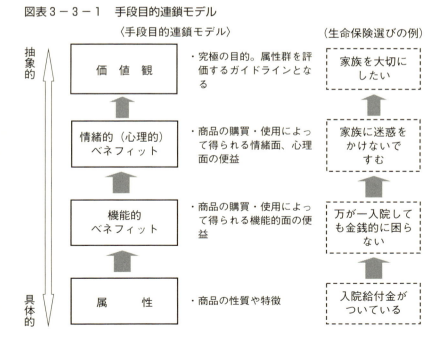

3－3　なぜ人は投資信託を買うのか

たとえば、図表3－3－1にあるように、ある生命保険を選ぶポイント（属性）に、入院給付金の有無があるとしよう。入院給付金がついていることによって得られる機能的ベネフィットは、「万が一入院しても金銭的に困らない」というものである。さらに、なぜそれが大切なのか、というと、それによって「家族に迷惑をかけないですむ」からだ。これは心理的なベネフィットである。その先には「家族を大切にしたい」という思い、究極の目的（価値観）がある。

　手段目的連鎖を導き出すためには、通常、インタビュアーと回答者が1対1で行う深層面接手法が使われる。たとえば、回答者が定期預金を好む理由として「元本利息が保証されているから」と答えた場合、「なぜ、元本利息保証だといいのですか？」とたずねる。「減らないから」と答えたら、さらに「なぜ、減らないといいのですか？」と続ける。こうやって、「なぜ」という質問を繰り返すことによって（ラダリング）[1]、被験者の究極の価値観を知るのである。

事例1　投資信託を買う理由

　金融業界にいる人は、資産運用商品を分類するとき、リスクの大きさを基本に考える。たとえば株式投資信託は、元本の価格変動リスクの程度からいって株式に近い。銀行が、頻繁に株式投資を行っている顧客は株式投資信託も好きだろうと考えるのはそのためだ。証券会社への資金移動が頻繁にある顧客を口座の動きから特定し、投信のダイレクトメールを送るといった施策を行うところも多い。

　しかし、このターゲティングは本当にそれでよいのだろうか。

　以前、ある銀行の顧客を対象に、資産運用に関する価値観を探る調査を行ったことがある。まず、「まとまったお金があるとき」という設定で、さ

まざまな金融商品を「好む」「普通」「好まない」の三つのグループに分類してもらった。次に、異なるグループからそれぞれ一つの商品を選んで、なぜ好む・好まないの違いが出たのかを尋ねるという手順を繰り返した。

　図表３－３－２は、調査対象者のなかで株式投資をする人の価値観について手段目的連鎖分析を行った結果である。株式投資が好きな人が、必ずといってよいほどあげるのは、「自分で銘柄を決めることができる」ことだった。その上位の価値をたどっていくと、ギャンブル的な興奮につながるケースと、自身の社会経済知識を実際に生かせることによる自尊心の充足につながるケースに分かれた。いずれにせよ、多くの銘柄のなかから自分自身で選ぶという一点は、株式投資が好きな人には欠かせない要素だったのである。

　一方、株式投資信託はどうだろうか。名前も知らないファンドマネジャー[2]に運用を任せて、自分では銘柄の入替えも、そのタイミングも決めることはできない。どういう基準で銘柄が入れ替えられたかを知ることもで

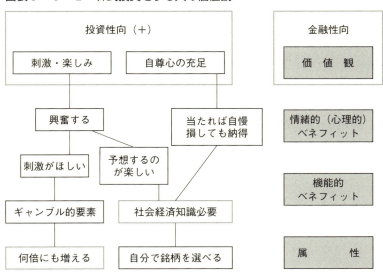

図表３－３－２　株式投資をする人の価値観

きない。「人が運用して自分が損するのは許せない」「中身がよくわからない
ものは怖い」「自分で決めたのなら失敗したときも納得できる」。これらは株
式投資信託を嫌う顧客に共通する意見である。彼らが投資に求める価値は、
自分で選択ができなければ満たすことができないのである。株式投資が大好
きな人が株式投資信託のターゲットだ、というのはリスク度合いを判断基準
にすることが当たり前になっている銀行員の思い込みでしかない。

　本節冒頭に紹介した第二地銀の広告担当者の不安に答えよう。たしかに、
どんな顧客でも経済的損得、価格（金利や手数料）は気にするだろう。価格
は常に商品・サービスの重要な要素だ。だが、価格が最も重要な決定要因で
あるかどうかは、その顧客が求める究極の価値によって異なる。その商品・
サービスを買うことで、何を充足させようとしているのか、それを見誤れ
ば、どんなに良い商品でも顧客には受け入れられない。顧客の本来の価値観
を無視して売ろうとするからうまくいかない。共通価値を実現するためには
顧客の求める価値を理解する必要がある。普段から顧客の本来の価値観をと
らえる努力が重要になるのである。

事例2　新しい金融セグメント

　既存の金融機関と違い、金融業界に新たに参入したスタートアップ企業の
ターゲットは非常にわかりやすい。

・ソーファイ（SoFi）：奨学金を借りている学生や卒業生向けの一括借換え
　サービス（所在地：米国　サンフランシスコ）

　米国では学生が奨学金を借りて大学やMBAに行くことが多い。就職して
からその返済に苦しんでいるという話もよく聞く。ソーファイでは既存の

122　　　　　　第3章　金融マーケティング戦略

ローン債権を簡単な審査でリファイナンスするサービスを提供している。お金を借りてまで勉強する上昇志向の強い学生の最大のニーズは将来のキャリア形成だ。すでに40万人いるユーザーのコミュニティを重視し、学生が必要なさまざまなサービス、キャリアアドバイスや、コミュニティイベント、起業したい人のためのプログラムなどを提供している。近年では住宅ローンや個人ローンの借換えなどにもサービスを拡大している。

・クレジット・カルマ（Credit Karma）：クレジットスコアの個人取得、スコア改善アドバイスサービス（所在地：米国　サンフランシスコ）

　日本もそうだが、個人のクレジットスコア（信用度）はいくつかの審査専門の企業が行い、金融機関（銀行やカード会社）の問合せに答えて、提供する。個々人は自分のスコアは知らないし、それが上がったり下がったりする理由も知らない。クレジット・カルマはこのスコアの個人への無料提供を行い、クレジットカード履歴を提供した個人に、スコアへの影響要因、より良いカード利用方法（お金の使い方）などをアドバイスしてくれる。同社と連携しているソーシャルレンディング企業から融資も受けることができる。日本ではローン審査に落ちた理由を教えてもらえず、不満を抱える顧客は多い。顧客が審査に通るために嘘をつくといった銀行リスクのみを考えるのでなく、より上手なお金の使い方を知りたいと思っているセグメントのニーズに応えるサービスである。

メッセージ

　顧客に対して真に「訴求する」マーケティングをするには、顧客の価値観を知る必要がある。人の心の深層にあるその価値観をいかに突き止めるかが、マーケターの腕の見せどころである。

3－3　なぜ人は投資信託を買うのか　　　123

[注]
(1) **ラダリング**　ある問題に対し、「なぜ」という質問を繰り返しながら、上位の構成概念を次々に誘導するインタビュー形式をラダーアップという。逆に、「それは具体的にはどういうことか」という質問を繰り返し、製品の属性まで降りていく方法をラダーダウンという。ラダリングとは、このようなラダー（梯子）をのぼり降りするようなインタビュー形式の総称。

(2) **ファンドマネジャー**　投資信託会社などに在籍し、投資対象の分散や投資銘柄の入替えなどによって、効果的・効率的な資金運用を行う責任者。投資信託は、ファンドマネジャーのいわば「目利き」の力によって、そのパフォーマンスが左右されるものであるが、一般の個人投資家にとって、ある商品のファンドマネジャーがだれなのか、といった情報が判断材料になることはほとんどない。

124　　　　第3章　金融マーケティング戦略

3－4

敵は第一地銀？　ポジショニングマップを描く

同じ地域にある第一地銀の○○銀行にだけは負けません

——某第二地銀の企画担当者

「あなたの銀行の敵は？」と尋ねたら、銀行員の多くは競合他行の名前を
あげるだろう。

　地域トップシェアの銀行ならメガバンクや2番手の銀行、2番手の銀行な
らトップシェア銀行や大手信金、といった具合だ。この場合のトップや2番
手というのは、ほとんどの場合、資金量や利益額などが基準になっている。

　だが、はたして本当に敵は彼らなのだろうか？

フレームワーク　ポジショニングマップ

　ポジショニングは企業視点で行うのではなく、また、市場一般の見方で行
うものでもない。ターゲット顧客セグメントから見たとき、自社がどう位置
づけられているかの問題なのだ。ポジショニングは、ターゲット顧客セグメ
ントにアピールし、彼らに選んでもらうために、競合他社と自社の違いを明
確にするために行う。自分たちがだれを敵と思っているかは関係ない。ポジ
ショニングを明確にするためには、ターゲット顧客セグメントが金融機関を

3－4　敵は第一地銀？　ポジショニングマップを描く　　125

どういう軸で見分けているかを知る必要がある。資金量順位で競合を定めるのは、一般的にそれに準じる企業規模や支店・ATM数などで顧客が金融機関をグルーピングしているという想定がされているからだ。

だが、本当にそうだろうか？　それは金融機関という狭い範囲での見方でしかないのではないか？

事例　本当の敵はだれか？

ターゲットから見たときの自社と競合他社の位置づけを平面上に表現したものをポジショニングマップという。顧客への調査データを統計的に処理して作成する。

図表3－4－1はある地域の金融機関のポジショニングマップである。A行は第二地銀で資金量はシェアNo.1の第一地銀B行の6割、長い間、B行

図表3－4－1　ある地域の金融機関ポジショニングマップ

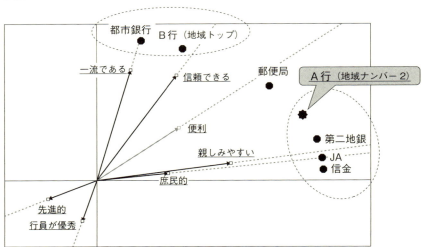

に「追いつけ追い越せ」という方針でやってきた。Ｂ行が新商品を出せば少し遅れて必ず新商品を出すし、定期預金金利も常にウォッチして同率にそろえている。特に、取引先での融資条件がＢ行と競っていたら、特別稟議で条件を変更することもできた。

　Ａ行の顧客調査データから統計分析によって作成したポジショニングマップでは、Ｂ行はメガバンクと近い位置にあり、一流であるというイメージでとらえられている。当のＡ行はというと、親しみやすい、庶民的などのイメージで、同じグループにいるのはＪＡや信金などである。つまり、Ａ行とＢ行は顧客の頭のなかで異なるカテゴリーに入っていて競合していないのだ。

　むしろ、Ａ行がやらなくてはならないことは同じカテゴリー内で競合しているＪＡや信金との差別化だったのである。

メッセージ

　ポジショニングはターゲット顧客から見たときの自社と競合他社の位置づけだ。それは金融機関自身の見方とは通常異なっていることを認識しよう。

3－4　敵は第一地銀？　ポジショニングマップを描く　　127

3 - 5

ビッグデータは本当に使えるか

> 「米国のリテール金融の勝ち組を成功に導いたのは、データベース・マーケティングである」。そう聞いて、わが行も、億単位の費用をかけて、システムを導入した。しかし、はっきりいって投資は失敗だったといわざるをえない。
>
> ——某地方銀行役員

ビッグデータ[1]・AI[2]ブーム

　長年金融業界にいる人間にとって、ビッグデータ・AI ブームは既視感のある現象だ。筆者のように、データベース・マーケティングブームや CRM（Customer Relationship Management）ブームとそっくり、と思う人は多いに違いない。

　金融はお金の流れを扱うビジネスである。メガバンクは数千万人、地銀でも数百万人単位の個人・法人口座を抱えている。IT 技術が日々進化するなか、大量の顧客に関する情報を蓄積し、整理し、知識として活用する、ということは昔から金融業界にとって大きなビジネスチャンスだと認識されてきた。情報システムを基盤とする装置産業であるこの業界、今後社会的コストの高い現金の取扱いが減れば、ますます情報産業と化すだろう。それは、同

128　　　　　第3章　金融マーケティング戦略

時にIT産業が競争相手になり、共創相手になることと等しい。

　近年バズワード化しているビッグデータやAIなどの技術の元になるものは1990年代終盤には、データベース・マーケティングやデータマイニング[3]と呼ばれて、金融業界で大流行していた。

　日本のリテール金融業界は、そうしたシステムの構築に、大きな投資をしてきた。MCIF（マーケティング用CIF：Customer Information File）と呼ばれる顧客データベース、データマイニング・ツール、データベース・マーケティング・ツールなどがシステムベンダーやSI（システム・インテグレーター）の金融担当部門にとっての最重点営業項目となっていた時期もある。しかし、巨費を投じた仕組みの多くは投資に見合う成果をあげなかった。

　昔とは状況は違う。たしかにそうだ。情報技術の進歩で扱えるデータ量は飛躍的に増えた。人々の生活がよりサイバー空間に移行し、SNSなどデータソースも多様化した。

　問題は、なぜ過去のブームはブームで終わってしまったのか、である。その原因を正しく把握していないと、同じ過ちを犯すことになる。

　地方銀行・信用金庫など、顧客との距離が近く親密な関係を築いている、いわゆる「地域密着型」の金融機関には、スーパーテラー（窓口担当者）、スーパー渉外担当者と呼ばれる従業員が存在する。彼らは、300〜500人の顧客の顔と名前はもちろんのこと、家族構成や金融ニーズまでも把握し、相手や状況に応じて対応を変える。毎期毎期セールスでトップの実績をあげている保険の外交員のなかにもそうした人たちは多い。しかし、そうした離れ業をすべての従業員に要求することはできない。一部の優秀な従業員に頼らずに、組織としての実績をあげていくには、顧客データを有効活用する仕組みが必要になってくる。情報を蓄積、整理、集中管理するためのデータ・ウェアハウス（データの倉庫）システムや、集められた情報を分析しアクション

3－5　ビッグデータは本当に使えるか　　　129

に結びつけるためのデータマイニング・ツールが必須と考えられたのだ。

　過去のデータベース・マーケティングやCRMは、なぜ成功しなかったのか。顧客データはたしかに必要である。（投資額の多寡はともかく）ここまでは正しい。しかし、次の段階で二つの間違いが起こる。

　一つは、「そのデータで顧客のすべてを理解可能だと信じたこと」、もう一つは、「大量のデータをセールスに使うという発想しかできなかったこと」である。順に説明していこう。

フレームワーク1　データからわかること、わからないこと

　金融サービス企業には大量のデータがある。しかし、それを単にデータマイニング・ツールに投入したら有用な知識になる、などということはないのだ。現実の消費者は、それほど単純ではない。特に、金融取引は、それ自体が目的ではない媒介財であるから（たとえば自動車ローンはそれを借りるということが目的なのではなく、車を買うための手段にすぎない）、本来目的の実現という要素が入り込む。消費者の行動や意識に対する深い洞察を行うことが必要なのである。

　いくらデータの種類を増やしたり、更新頻度を上げたりしたとしても、そこからわかることは顧客を理解するためのごく一部でしかない。これはデータが複数社のものになっても、SNSなどのデータが追加されても同じである。顧客がこれまでにどこから何を買ったのかをいくら精緻に分析しても、顧客が何を考え、なぜそうしたのかはわからない。データ分析者には最低限その理解が必要である。

　では、顧客を本当に理解するとはどういうことか。図表3－5－1は顧客

130　　　　　第3章　金融マーケティング戦略

図表3−5−1　顧客理解の全体像

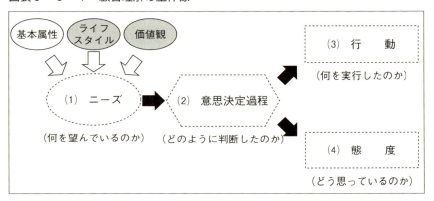

理解のための全体像である。図に従って順に説明する。

(1) ニーズ

「自動車ローンを借りたい」「投資信託に興味がある」といった金融商品やサービスに対する直接的なニーズは表面的なものだ。先述したとおり、金融という媒介を使ってかなえたい本来の目的に対するニーズがある。それらは、「ほしいものがあったらお金を借りてでも買いたい」「資産運用は安全第一」「信頼できる担当者にいろいろ教えてほしい」といった顧客の価値観やライフスタイルを反映したものになる。基本属性であるライフステージ（就職・結婚・出産・退職など）は、もちろん金融ニーズの発生と深く関係している。しかし、同じライフステージ上にいる顧客で、自動車を買う必要があるところまでが共通していたとしても、みんなが同じように行動し、同じ自動車を買い、同じ自動車ローンを借りるわけではない。顧客のライフスタイルを知ること、価値観を知ることがより重要であることは明らかである。しかしそれがいまあるデータでわかることは少ない。

(2) 意思決定過程

　ある商品・サービスへのニーズが喚起された潜在顧客がいるとしても、それが自社の商品・サービスの購買に結びつくとは限らない。顧客が実際に何かを買う、買わない、利用する、利用しないというアクションを起こすまでには、情報を収集したり、他人にアドバイスを求めたり、比較検討したり、とさまざまなプロセスを経る。その途中のプロセスに関与するのがマーケティングである。どこからニーズが生まれ、どう情報を集めたのか、何と比較して何が良かったから自社の商品が選ばれたのか、あるいは選ばれなかったのか、その「なぜ」を知る必要がある。それは、どうすれば多数の代替案のなかから選択してもらえるのか、というマーケティング施策につながる。

(3) 行　　動

　口座を開設した、サービス利用の契約をした、ローンの借入れをした、ATM で振込みをしたなど、が意思決定過程を経て発生した行動、すなわち結果である。これも当然把握する必要があるが、自社での行動（＝取引振り）だけでなく、競合他社をどう利用しているかも知らなくてはならない。複数企業の金融取引を一つにまとめたアカウントアグリゲーションなどで精緻化が可能になるのはこの部分である。これをせずに、自社での残高が大きいから富裕層、そうでないからお金をもっていない層などと判別してしまうと、とんでもないことになる。行動を測ることで、さまざまなマーケティング施策の結果をトラッキング（追跡）し、フィードバックを得て次の施策に生かすことができる。

(4) 態　　度

　行動の結果、あるいは行動には至らなかったがその企業や商品に対し、つまり顧客の「態度」という情報もまた重要である。取引を継続したり、増や

したり、他人に勧めたりしたいと思っているのか、それとも、何かに不満を感じ、今後取引を継続するかどうか保留にしているのか、もう二度と取引はするまいと強く決意しているのか。現状把握できる行動だけでは今後どうなるかは予測できない。特に取引をやめてしまった顧客については、その原因、その時顧客がどう感じたか、などは非常に重要な情報になる。SNSなど顧客の利用後の態度を表すデータで精緻化が可能になるのはこの部分である。ただし、金融はレストランの感想のように気軽には投稿できない側面もある。しかし、感情価値という意味では金融では人に伝えたくなるような感動体験がつくられていない。口コミサイト運営企業と筆者らの共同研究では、金融業界はSNSでの口コミが最も少ない業界の一つであった。

　このように入口から出口まで、表に見える部分から見えない部分まで知ることによってはじめて「顧客を理解した」といえる。このうちの金融機関のデータベースでわかるのは、(3)の行動の一部と(1)のニーズを形成する要因の一つとしての基本属性（年齢、性別、職業、年収、家族構成など）ぐらいである。基本属性は情報が古く不完全なことが多く、また、たとえ十分なデータがあっても、それだけでは顧客の商品・サービス選択の因果関係をほとんど

図表3−5−2　データベースでわかること、わからないこと

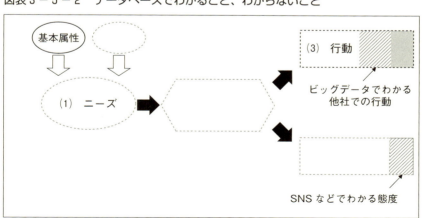

説明できない。

　もちろん、取得できるデータの種類の拡大は歓迎すべきものだ。しかしそれは、分析者が、どのデータが何を意味しているのか、を理解していてこそ有効に使える。たとえば、顧客がカードで買った品物の内容などは、「⑶行動」を補完する。SNS などに UP されるコメントから「⑷態度」の一部は推測しやすくなる。ネット上での行動、たとえば検索履歴や、クリックした広告やキーワード、アクセスしたページ、そこに滞在した時間などもとれるので「⑵意思決定過程」のごく一部はトラッキングできる。もっとも、それらの行動はなんらかの刺激を受けての反応行動結果である点は注意しなければならない。ビッグデータをやみくもに集めたり分析したりしても結果は出ない。顧客理解のどの部分の補完が可能なのかを意識して使う必要がある。もちろん、そのためには、顧客理解の全体像を事前に理解できていなければならない。

メッセージ

　顧客を理解するには、ニーズ・意思決定過程・行動・態度を理解しなければならない。ビッグデータはそのどれをどの程度補完するものなのかをわかったうえで使う必要がある。

　次に、２番目の間違いについて説明しよう。金融業界ではこちらのほうがはるかに問題は大きい。それは、ビッグデータの分析結果の使用方法が、結局、電話やメールでのセールス、バナー広告など、売らんかなのセールス仕様になってしまっていることだ。

フレームワーク2　共通の特徴は「お願いに弱いこと」

　データはこれまで自社が行ってきた戦略、戦術への顧客の反応である。この性質を理解していないと分析は本末転倒になる。

　手段と目的の逆転はターゲット・モデリングという手法で典型的に生じている。①ある商品（たとえばカードローンや外貨預金）を過去に買ってくれた顧客を抽出し、②それらの顧客のデータを分析して共通する特徴を見つけ出し、③同じ特徴をもっているが、まだその商品を買っていない顧客を見込み先として抽出し、④その見込み先にダイレクトメールを送ったり、電話をしたりしてセールスを行う、というものである。

　多くの企業がこのターゲット・モデリングを行う理由は、莫大なシステム投資に対して、早く目に見えるリターンをあげなければならない、というプレッシャーがあるからである。MCIFを構築する前よりもダイレクトメールのヒット率が少しでも向上したとなれば、とりあえず投資効果があったといえる。

　これは「(3)行動」の一部（自社での取引振り）を分析することによって、その他の部分をすべて推測しようという無謀な試みである。これまで、日本では、メガバンクから信用金庫・JAに至るまで、窓口や渉外の担当者による「お願いセールス」が主流であった。保険会社の営業職員もしかり。顧客のニーズに合わせたセールスではなく、つくった商品を、とにかくノルマを達成するため顧客に無理をいって買ってもらうのである。

　「すみません、今月の目標まであと10件とらないといけないんです。別に使わなくて結構ですから、クレジットカードをつくってもらえませんか」といった具合である。当局の規制のもと、商品性も価格も広告も差別化することができず、とにかく営業力に頼るしかなかった時代には、「お願い」するしかすべはなかった。現在のデータベースに保有している情報は、そのよう

3-5　ビッグデータは本当に使えるか　　135

な企業側のいわば「押し売り」に対して顧客がとった行動の結果なのである。

「お願いセールス」の結果をいくら高度な手法で分析しても、共通して浮かび上がってくる特徴は抽出された顧客が「お願いに弱いこと」だけである。これは手法が既存の統計手法だろうがAIだろうが変わらない。データの量や質の問題でもない。銀行の過去数十年の売り方の問題である。しかも、過去データの示すようなお願いセールスのやり方でビジネスを続けていくことはもうできない。あるメガバンクでは、この方法でさまざまな商品のターゲットリストを作成したところカードローンのターゲット先と、投資信託のターゲットがほとんど同じ顧客のリストになってしまったという、笑うに笑えない話すらある（図表3－5－3）。

過去、日本の金融業界には、「マーケティングといえば、ターゲット・モデリングをはじめとするデータベース・マーケティングである」という誤った認識が存在した。その理由の一つは、当時モデルとされていた「米国のリ

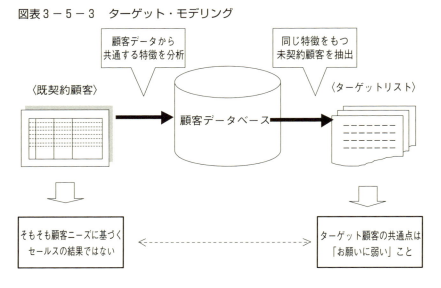

図表3－5－3　ターゲット・モデリング

テール金融の勝ち組はデータベース・マーケティングによって成功した」という大きな誤解である。システムを売り込みたいベンダーのセールストークに乗せられてしまったのかもしれない。そして、2018年現在、空前のビッグデータ・AIブームのもと、また同じことが起きそうになっている。たとえば、「金融マーケティング」イコール「ビッグデータ分析」であるかのような発言や主張をするベンダーやコンサルタントは少なくない。

たしかに、多くのFinTech企業、特に海外のFinTechはビッグデータを活用している。しかし、それは既存の金融商品をセールスするためではない。成功しているFinTechのほとんどが、絞り込んだターゲット層向けに新たな価値をつくりだすビジネスを展開している。

例をあげると、スタートアップや中小零細企業にとっては、銀行の与信審査のための資料を作成することそのものが大きな負担になる。その負担を減らすために、日々の業務で使う電子化された会計システムのデータを、審査書類に加工するサービスがある。提携銀行への与信の申込みはオンラインで完結する。

スタートアップ企業の成功には経営者の個人資質が重要であるため、経営者のSNSへの投稿頻度や内容を与信審査のための情報の一部として提供するサービスもある。

ここでは、同じ行動パターンの過去の債務者の返済状況から申込者の与信リスクを計算するアルゴリズムが使用される。ネット情報から瞬時に与信スコアを計算できるこのFinTechはEC事業者とも提携しており、個人がネットで買い物をする際にその場で審査済みローンを提案するというビジネスも成立している。

FinTechは、決してビッグデータ解析だけをやっているのではない。①ターゲット顧客へのリサーチを行い、②その結果に基づき仮説を構築し、③実際の商品開発やセールス手法へと展開し、④結果を定量的に検証する、という地道なマーケティング・プロセスは当然やっていた。こういった地道な

3－5　ビッグデータは本当に使えるか　　　137

プロセスは「当たり前」のことなので、セミナー等でことさら取り上げられはしない。しかし、ビッグデータはそうした蓄積のうえに利用されたものであり、基礎がしっかりしているからこそ効果をあげたのである。

　顧客データを分析して、なんらかの規則性や法則性を発見していく分析の成功例としてよく取り上げられたのは、米国のスーパーマーケットの話である。来店客の購買データを分析したら「おむつとビール」をセットで買う人が多かったというのである。こうした規則性は、決して人間の観察や知見から導き出せるものではなく、大量のデータを、あらゆる角度から分析・解析していかなければ得られない。まさにデータのなかから「金鉱」を掘り当てた＝マイニングの例、というわけである。
　しかし、「おむつとビール」が実話だとしても、その組合せが、はたしてスーパーの戦略を大きく左右するのだろうか？　ある大学教授は、データマイニングを「どうせ捨てる膨大なゴミだから、機械的に処理して何かちょっとでも見つかれば幸運、という手法」と表現している。まさに言い得て妙であり、実態を的確に表しているといえよう。

　もっとも、FinTech は既存の金融機関に対する不満が表出している分野に自社のエネルギーを集中するので、ターゲット層のニーズはわかりやすく、市場規模も限られており、比較的取り組みやすい。
　金融機関は、まず、どのニーズに焦点を当てるのかの意思決定が必要である。そして、データが顧客を理解するためのごく一部の情報しか提供してくれないことを理解し、残りの情報、つまり、価値観に基づくニーズや、意思決定過程や、態度を理解する。自行以外の、個人の好みや性向を表すデータと連携することは補完手段としてある程度は有効であろう。とはいえ、人間の意思決定を説明するには、より広くより深いデータの、しかもより長い履歴の蓄積を要する。であれば、答えは明らかである。顧客に直接聞かなけれ

ばならない。何を望んでいるか、どのように考えて決めたのか、その結果どう思っているのか、質問をぶつけて回答を得るのである。

もちろん、何十万、何百万の顧客すべてに質問をするのは不可能であり、一部の顧客から全体を推測できるようなサンプリング[5]、意思決定過程や態度などの心理的側面を知るための的確な聞き方など、これらを実行するには、調査ノウハウやテクニックはいうまでもなく、心理学や社会学、統計分析の知識などをベースに結果を読み込んで実務適用する能力が必要となる。システムに投資するより、マーケター育成への投資が必要になる。

> ## メッセージ
>
> 顧客のニーズを深く理解するためのデータ分析と、セールスチャンスをうかがって表面的な動きを監視するのでは、根本的に発想が異なるのだ。ビッグデータをセールスに使ってはいけない。

［注］
(1) **ビッグデータ**　従来の企業がシステム的に保有する取引データに加え、Machine to Machine の情報交換、インターネットを介した位置情報や購買履歴、ホームページなどの閲覧履歴などを含む膨大なデータを指す。
(2) **AI**　Artificial Intelligence（人工知能）の略。人間の知的思考や行動の一部を、ソフトウェアを用いて人工的に再現するもの。現在（2018年）は第3次ブームと呼ばれ、データマイニング・画像解析と自然言語処理を使用したものが多い。
(3) **データマイニング**　大量の顧客データを分析し、そのなかから、ある商品やサービスを利用する顧客に共通する特徴や、商品を購入するきっかけとなる行動などについて、隠された法則をマイニング（発掘）すること。
(4) **サンプリング**　母集団から、調査の対象となるサンプル（標本）を抽出すること。

コラム4　銀行員の常識は世間の非常識　その2
──「名刺は外部に出さないことになっています」

　あるメガバンクの本店で会社の普通預金口座をつくったときの話である。
　キャッシュカードを、何日か後に「取りに来てくれ」といわれた。オフィスは池袋で、銀行は大手町。往復1時間はかかる。郵送してほしいとお願いした。できないという。「できないわけないでしょう。個人で口座をつくったら、郵送してくれますよね」というと、後ろから、支店長代理と名乗る男性が出てきた。「個人のお客さまには郵送していますが、法人のお客さまには郵送しない決まりになっています」「どうしてですか？」「法人だとだれが受け取るかわからないからです」。理由になっていない。個人だって家族が受け取るかもしれないではないか。
　「じゃあ、最寄りの支店まで取りに行くので、そこまで送っておいてほしい」と依頼した。それもできない。「キャッシュカードは、すべてセンターから取引店に送られることになっていて、池袋の支店に送るルートがない」という。「だったら、一度、大手町に送ってから、池袋の支店に送ってください」「それも、できません」「どうしてできないんですか？」「送っている途中で紛失する可能性があるからです」。どうやら、この銀行では、銀行の内部で支店から支店にキャッシュカードを送ったら紛失するような管理をしているらしい。
　これ以上、何をいっても無駄。名前だけ聞いておこうと思って、「すみません。名刺をいただけますか？」とお願いした。「名刺はもっていません。窓口を担当するものは名刺をもたないことになっております」。私は元銀行員。それは明らかにウソだと知っている。支店長代理が名刺をもっていないわけはない。「本当にもっていないんでしょうね。客にウソついていませんよね」とにらむと、彼は少し返答に窮した。しばらく間を置いて、小さい声でつぶやくようにいった。「名刺は外部には出さないことになっております」……それって、何のための名刺？

140　　　　　第3章　金融マーケティング戦略

第 **4** 章

マーケティング戦術

4－1

ポイント・サービス[1]はなぜうまくいかないのか

たしかに、当行のポイント・サービスは、少しわかりにくいかもしれません。それでも、一生懸命に自分のポイントを計算してくださるお客さまも、いらっしゃるんですよ。

——某メガバンクの商品開発担当者

本章では、サービス・マーケティング・ミックス7Pに順じてマーケティング戦術について具体的に考えていきたい。

金融業界でも多くの企業がポイント・サービスを導入している。しかし、本来のねらいである顧客の取引の集中やその維持につながった「成功事例」は多くない。うまくいっていない原因を銀行の担当者に聞くと、以下のような回答が返ってくる。

【ケース1】

ポイント・サービスの維持に必要なコストを抑えようとしてメリットをほとんどつけなかったため、入会してもらえない。

【ケース2】

数学に強い人間が顧客データを詳細に分析した。商品・サービスをどの順序で購入した顧客の継続率が最も高いか、だからどういうポイントのつけ方にすれば良いか、などの分析によって、残高・契約種類・期間などの条件を

組み合わせたポイント・サービスをつくった。しかし、複雑になり過ぎて窓口の行員さえ説明できないものになってしまった。

【ケース3】

給与振込みを設定したら自動的にポイント・サービスが付与される仕組みにしたが、追跡調査をしたところ、メリットを受けている顧客の数％しか、自分が会員になっているポイント・サービスの存在を知らなかった。

【ケース4】

ポイント・サービス導入後、全体で見ると新規顧客数は増加したのだが、それがポイント制の効果なのか、別の要因なのか特定できない。

いったい何が問題なのであろうか。ポイント・サービスの開発（詳細は本章4－3の「フレームワーク　新商品・サービス開発のプロセス」を参照）において、各プロセスの課題がクリアできていないことがわかる（図表4－1－1）。

【ケース1】は、アイデアや設計の段階で、そもそもポイント制というサービスが何を目的とし、だれのニーズを満たそうとするものなのかが明確になっていないことに問題がある。たとえば、取引の深い顧客の囲い込みが目的なのか、競合他社にスイッチしそうな顧客を引き止めることが目的なのかで、ポイント付与の対象取引とメリットのつけ方は違ってくる。かけることのできるコストが少ないからといって、どの顧客にも振り向いてもらえない商品・サービスをつくるのはナンセンスである。コストがかけられないときほど、対象顧客を絞り込み、それらの顧客層にメリットが集約されたものにしなければならない。

アイデア段階において、ビジネスとして成立するだけのニーズが存在する

4－1　ポイント・サービスはなぜうまくいかないのか　143

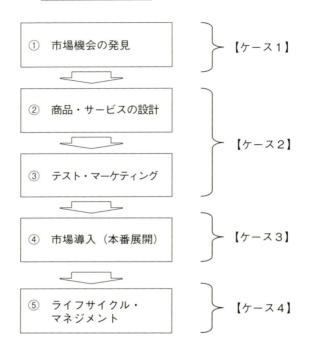

のか、アイデアを商品・サービスに具現化する段階で、本当に顧客ニーズを満たす経営資源があるのか、長期的に維持していけるのか、言い換えれば、市場に機会はあるのかを十分検討してから次に進む必要がある。

【ケース2】は、設計段階における失敗で、特に、自分の設計した商品・サービスに思い入れの強い企画担当者が陥りやすい。担当者は、顧客にとって最適な設計をしたと自負しているだろう。しかし、どんなに良い商品・サービスであっても、自社の同僚に対してすら十分に説明できないほど複雑なものが、顧客にその価値を理解してもらえるはずはない。そして、価値が理解してもらえなければ商品は売れない。AIを支える手法の1つディープ

ラーニングの計算過程は、ブラックボックスでわからない。AI の出してきた結果が実務的に説明ができるものなのか、慎重に検討する必要があるだろう。

　企業側が考える良い商品・良いサービスであることと、それが顧客にどう受け止められるかはまったく別の問題なのだ。複雑だけれどもメリットが大きい商品・サービスを顧客がうれしいと思うか、メリットは多少劣っているとしても、単純でわかりやすいものを望むかは、顧客タイプ（セグメント）によって異なる。設計した新商品・サービスへの顧客の反応をテストすることで、顧客から実際にはどう見えているかを知ることができる。そのステップを省くことは大きなリスクを伴うのである。

　【ケース3】は、コミュニケーションの失敗である。この場合は新規顧客を逃しているのみならず、既存顧客に対して余分なコストを支出している点で、二重の失敗となっている。ポイント・サービスは、顧客がメリットを受けていることを認識してはじめて囲い込みや離脱防止策となる。顧客ニーズを適切にとらえたアイデアがあり、それをうまく新商品・サービスに設計できたとしても、市場に出すときに顧客が認知してくれなければ、やはり失敗なのである。顧客が存在すら知らないまま付与されているポイントは、黙っていても収益を落とし続けてくれる顧客への無意味なディスカウントだ。

　金融業界では、ほとんどの企業が、どのようなチャネルやメディアを使えば何割程度の顧客に認知されるのか、といった基本的情報さえもっていない。広告宣伝に限らず、顧客行動に関する基礎データを体系的に収集しておく必要がある。

　【ケース4】は、商品・サービスのライフサイクル・マネジメントの問題である。金融業界では、新商品・サービスの成功・失敗の判断基準を明確に定めているところのほうが少数派である。その時々の担当者が自分の都合が

良いように自由に判断しているといっても過言ではない。

　市場に投入する前にポイント・サービスによって得られた新規口座数、既存顧客へのクロスセルとその収益、また、ポイント・サービスが原因で逆に離脱した顧客と失った収益など、測定すべき項目を決め、測定できる仕組みが設定されていなければならないのである。そういった情報をもとに、市場投入後の状況をトラッキングし、追加のプロモーション時期や予算、さらには商品改定や廃止の決定がなされる。

　新商品・サービスを市場に投入する際、何をもって成功・失敗とするのかというベンチマーク、ひいてはその測定方法を確立することもマーケティング部署の大きな役割の一つなのである。

メッセージ

　商品やサービスは、顧客に受け入れられなければ十分な成果をあげることができない。商品の企画開発は、顧客との間にズレが生じていないか、常に検証しながら進めていく必要がある。

[注]
(1)　**ポイント・サービス**　商品やサービスの利用状況に応じてポイントが加算され、その合計点数によって金利・手数料の優遇や、景品などを提供するサービス。顧客にとっては、取引を1カ所に集中することで、よりメリットが得られる仕組み。また、取引の多い顧客ほど優遇されることとなり、かつて金融業界では一種のタブーとされていた、「顧客の選別」を行っているものといえる。

4－2

良い商品がなぜ売れないのか
—カスタマー・ジャーニー
（顧客の意思決定過程）を知る—

> 当行は地域トップバンクですが、自動車ローンのシェアはなぜか非常に低いのです。当行で、給与振込みや積立もあって、住宅ローンさえあるようなお客さまが、自動車ローンはよそで借りているんです。
>
> どうしてこんなことになってしまったのでしょう。
>
> ──某地方銀行のローン担当者

　金融サービスは、顧客の本来の目的を媒介するものである。自動車ローンは車を買うために借りるのだ。自動車ローンの借入れがどのように決められるかは、車の購入がどのように決められるかとあわせて考える必要がある。

フレームワーク1　顧客の意思決定過程

　消費者は何かを購入しようとするとき、どんな思考過程を踏むのだろうか。行動心理学に基づきそのステップを五つに分解したのが、図表4－2－1「顧客の購買意思決定過程」である。3章のビッグデータの説明では、顧客の意思決定過程はひとかたまりで示したが（図表3－5－1）、ここではより詳細に検討していく。

4－2　良い商品がなぜ売れないのか　　147

図表 4 − 2 − 1　顧客の購買意思決定過程

(1)　ニーズ喚起

　最初のステップは、解決すべき問題を意識すること、つまりニーズの喚起である。不足しているものがあることに気づき、だからそれを買って足りないものを満たそうと意識する、ということがスタートになる。もし、このニーズ喚起が十分されていない状態であれば、まず、顧客のニーズを喚起するためのマーケティング施策を検討する必要がある。前述したとおり、金融は本来の目的を達成するための媒介なので、金融サービスのニーズを喚起するには、「本来の目的」のニーズも喚起する必要がある。自動車ローンを借りてもらうには、まず、顧客に自動車を買う気になってもらわなければならない。その次の段階として銀行でローンを借りて自動車を買う、という購買の流れがスタートする、ということだ。

(2)　情報探索

　ニーズが十分喚起された顧客は、購入しようとする商品・サービスについて情報を集め始める。情報源は自分自身と自分以外の両方になる。自分自身を情報源とするものを「内部情報探索」といい、過去の記憶を探り、思い出すことがこれに当たる。自分以外を情報源とするものを「外部情報探索」と

いい、パンフレットをもらって読んだり、店に行って店員の意見を聞いたりといった行動がこれに当たる。

　情報探索にはコストがかかる。内部情報探索は記憶を探る心理的負担、そのための時間などがコストとなる。外部情報探索は、実際に店に行ったり、本を読んだりするための時間・お金・労力といったコストがかかる。そのため、情報を集めたことで得られるベネフィットと、情報を集めるためのコストを比較して、コストがベネフィットを超えないうちに情報探索は停止される。情報探索方法も、探索停止のためのルールも、対象商品・サービスの重要性、探索する個人の関心度合い、その人が使える資源（時間やお金）によって異なる。

(3)　代替案比較

　情報が十分に集まったら、それらの情報は比較検討される。比較の方法にもさまざまなパターンがある。たとえば、最低必要条件を満たすものでいちばん初めに出会ったものに即決する方法もあれば、いくつか候補に残してあとで詳細を比較する方法もある。条件に合わないものをまず足切りし、残ったもののうち最も良いものを選ぶ方法もある。商品・サービスを二つずつ比べてどちらか悪いほうを落とし、次のものと比べてまた一つ落とし、というトーナメント方式などもある。これらの比較の方法は「情報ヒューリスティックス」と呼ばれるもので、情報探索と同じく、対象商品・サービスによって、また人によって使う方法は異なる。

(4)　選択購買

　集めた情報を比較検討して、商品・サービスの優劣が明らかになったら、次にいよいよ購買である。購買チャネルはインターネットや電話なのか、店舗へ行くのか、それはいつで、どのくらいの量を買うのかなどが問題とな

る。実際に購買行動を起こす段階にまで至っても、顧客の「買い方」のニーズを満たせなければ、せっかくの機会を失ってしまうこともある。本当はその商品が第一候補だったのに、「買いたい時に買いたい場所で買えなかった」「買いたいだけの量がなかった」「買いたい量より多い単位でしか売っていなかった」ために、結局よそに行ってしまったという経験はだれしもあるだろう。そのような状況を避ける必要があるのである。

(5) 購買後評価

　購買後に、顧客は、商品・サービスを使ったり、経験したりして、その結果を評価する。期待以上であれば満足するし、期待を下回っていれば不満になる。購買後評価は、サービス財では、モノの財よりも重要になる。なぜなら、サービスのように無形の財は、購買前の情報で評価を下すことがむずかしく、自分がそのサービスを受けたときの経験や、友人知人などで経験がある人の意見が重視されるからだ。金融サービスは人の一生を通じて必要とされるサービスだ。目指すところも、1回限りの取引ではなく、長い期間の取引関係の継続である。購買後評価がどのように行われ、結果的に、顧客は満足しているのか、次回も自社から買いたいと思ってくれているのか、人に勧めるほど気に入ってくれているのかなどが非常に重要な要素となる。

フレームワーク2	カスタマー・ジャーニーとサービス・ブループリント

　カスタマー・ジャーニーを可視化するマップの記述方法にはさまざまなタイプがある。横軸は時間の流れに沿って顧客の行動を記述するのは同じであるが、近年ではネットでの情報収集や申込み、サービスを受けた後はSNSで経験をシェアすることが一般的になっているため、それらのプロセスを含めることが多い。また、縦軸階層に関しては、手段目的連鎖モデル同様、顧

図表4-2-2 サービス・ブループリントの例

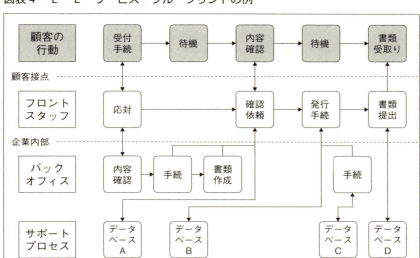

客が実際に経験するプロセスを中心に、その時の顧客の思考・感情を示すもの、それに課題や改善案に加えたものなど、さまざまな提案がされている。ここで企業とのタッチポイントを中心に、企業側のフロントヤード、バックヤードのプロセスを示すのがサービス・ブループリントである。サービス・ブループリントのさまざまなバージョンが提案されており、そこで収集される顧客データの種類が付加されたり、顧客の不満の発生原因となりやすいものが示されたりする。

事例　なぜメインバンク[1]になれないのか

ある地方銀行の話である。顧客の預金が、定期性預金から、流動性預金へと急激にシフトしていることがわかった。全体として預金残高は増えている

図表4−2−3 カスタマー・ジャーニーマップ

ステップ	問題認識 情報探索 代替品比較	選択決定・ローン申込み	選択決定・購入
タッチポイント	ディーラー / TV / 販売員 / CM	金融機関支店 / ローン窓口 / 申込書類 / 電話	金融機関支店 / ローン窓口 / ディーラー / 電話 / メール / ATM / 指定口座

行動（顧客）
- ディーラーに車を見に行く
- 車を決める
- 見積書を作成してもらう
- ローン申込に行く
- 申込書に記入する（住所・氏名・家族構成・年収・借入額・金融機関・取引内容）
- 必要書類をそろえる（●必要書類：通帳・印鑑・保険証・年収証明（印鑑証明）・頭金資料／●年齢条件・勤続年数・案件に記入もれ、要書類の有無）
- 申込みに行く
- A銀行ローンの審査結果を待つ
- 不足書類を準備する
- 窓口に書類をもって行く（訂正に行く）
- 実行日車をディーラーに連絡する
- 可決の連絡を受ける
- 全消契約書を確認しに行く／全消契約書を確認する
- 納車／販売形態を販売会社に振り込む
- 融資金を受領する
- 実行する

行動（ローン窓口担当）
- 申込書を渡す（必要書類を案内する）
- 申込書をもらいに行く
- 申込書類をチェックする
- 書類・記入内容の不備を連絡する
- ローンセンターに書類一式を送付する
- 顧客に可決を通知する

思考
- 家族が乗れる車がほしい
- 借入れが面倒
- 書類が多すぎ
- 審査結果すぐ知りたい／書類不足はあるのが当たり前
- やっと車に乗れる

現状課題
- 概算額で審査開始
- ディーラーが先にローンを組む
- 顧客が店舗に出向く
- 何度も同じ内容を記載
- 書類不備発生 審査時間が長い
- 顧客が店舗に出向く

改善案
- オンライン申込による手続の簡素化

が、定期性預金の落込みは、予想より大きい。そのため、現状を正確に把握する必要があった。

調査の結果、顧客の約半数が、決済サービス（日常の利用）のメインバンクとしてその銀行を利用していることがわかった。しかし、同時に判明したのは、貯蓄や資産運用でもメインバンクとして利用している顧客は、何と決済メイン顧客の4分の1しかいないという事実である。

その銀行では、決済業務は、店舗やATMなどの固定費もかさみ、それだけでは「儲からない」と位置づけられている。決済サービスをきっかけに、貯蓄や資産運用などの「儲かる」取引を取り込んでいくことによって、採算をとろうという考え方をしていた。しかし現実は、4分の3もの顧客が他行をメインにしている。

定期預金の金利は競合他社と同水準に保っている。商品の品揃えも、決して引けをとらない。ボーナス時期のキャンペーンの評判も、キャラクターグッズの評判も悪くはないはずだ。ではなぜ、メインバンクになれないのだろうか。

そこで、顧客の意思決定過程を順にたどり、3段階に分けて分析した（図表4－2－4）。

⑴　決済のメインバンクとして使っている顧客が、貯蓄・資産運用で利用する金融機関として、その銀行を「選択肢」に入れているか。この段階で、全体の顧客の4分の1が脱落する。

⑵　選択肢に入ったとして、「実際に利用」しているか。ここでまた、全体の顧客の4分の1（残った顧客の3分の1）が脱落する。

⑶　利用しているとして、貯蓄・資産運用のメインバンクとなっているか。ここで、全体の顧客の4分の1（残った顧客の2分の1）が脱落する。

分析の結果わかったのは、それぞれの段階の脱落理由である。まず、「選択肢」に入らない理由の最も大きなものは、「日常の応対への不満」。決済のメインバンクとして利用している顧客は、店舗のATMを利用したり、近くを通りかかったりすることも多い。その時の行員の態度に不満を感じたり、店の雰囲気に活気がないとか、親しみやすくないと感じたら、貯蓄の選択肢から外れるのだ。

　次に、選択肢に入れてくれた顧客が「実際に利用する」に至らない理由として、二つの面で障害が存在していた。一つは物理的障害。利用したい・相

図表４－２－４　なぜ貯蓄・資産運用のメイン先になれないのか

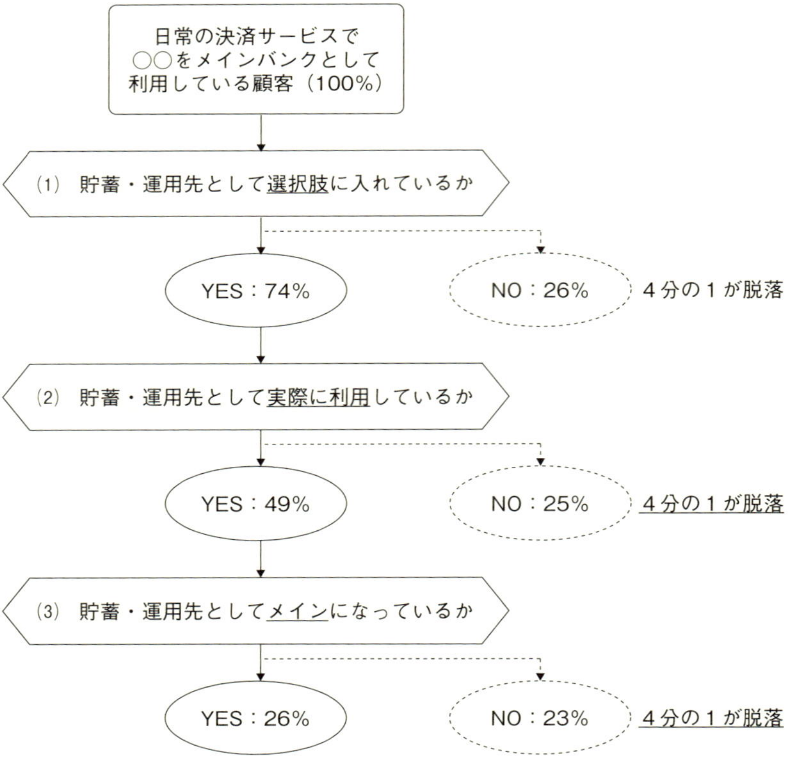

日常の決済サービスで
○○をメインバンクとして
利用している顧客（100%）

(1)　貯蓄・運用先として選択肢に入れているか

YES：74%　　　NO：26%　4分の1が脱落

(2)　貯蓄・運用先として実際に利用しているか

YES：49%　　　NO：25%　4分の1が脱落

(3)　貯蓄・運用先としてメインになっているか

YES：26%　　　NO：23%　4分の1が脱落

談したいと思っても、行きたい時間に銀行が営業していない。駐車場が入りにくい。行員は皆忙しそうだし、だれに相談したらよいかもわからない。もう一つは心理的障害。最低限の基礎知識がないと相談できない雰囲気が醸し出されているようで、「敷居が高い」と思われている。

最後に「メインバンク」になれないのは、「競合他社のほうが利回りが良い」と顧客に思われているからであった。実際はほとんど差がないにもかかわらず、である。粗品や景品への評価は高いが、それはメイン化[2]につながってはいない。また、他行に比べて資産運用へのアドバイス力が劣っており、顧客の金融知識が高くなればなるほど、メインにしてもらいにくいという傾向も出ていた。

このように、脱落の理由がわかれば、いまの経営資源を考慮してどの段階で脱落する顧客に対処するかを決定することができる。

メッセージ

マーケティング施策を的確に打つには、カスタマー・ジャーニー（顧客の意思決定過程）を把握する必要がある。金融サービスが媒介で、本来の目的が別にあるときは、その購買意思決定過程もあわせて理解する必要がある。

[注]
(1) **メインバンク**　顧客が主要な取引を行う銀行。ただし、顧客によって主要と考える取引内容はさまざまなので、一律の条件での定義はむずかしい。
(2) **メイン化**　自行を、顧客のメインバンクにすること。銀行にとって、できるだけ多くの顧客をメイン化することが収益拡大のカギとなるといわれている。たとえば具体的には、公共料金やクレジットカードなどの自動引落し、給与や年金の受取りなどをすべて自行に集中してもらう、などの施策が行われる。

4－2　良い商品がなぜ売れないのか　　155

4－3

銀行名だけでは差別化できない？（商品）

　新しく出す商品に名前をつけることができるのは、商品開発担当者の特権です。ただ、実際には、いろいろな人が口を出すので、結局は自分の思いどおりにはならないのですが……。

——某地方銀行の商品開発担当者

金融サービス開発（商品）

　銀行はこれまでは、顧客ニーズに基づかない新商品・サービスをつくってしまったら、そのコストを現場のセールス担当者に過度のノルマを課すことで取り戻そうとし、実際に取り戻してきた。これはマーケティングの失敗をセールスに責任転嫁していることにほかならない。

　ノルマの重圧から起こるセールス担当者のパワーセールスは、しばしば顧客側に取り返しのつかない不満を引き起こす。普通預金口座開設とセット販売された銀行のカードローン、説明不足のまま売られた変額保険やデリバティブ商品、「使わなくてもいいから契約だけしてください」とお願いされたテレホン・バンキングなど、例には事欠かない。資産運用商品を顧客に勧めて買ってもらい、その商品が大きく値下りしてセールス担当者が罪悪感を抱いて悩んでいるという話を何度現場で聞いたことだろう。日々顧客と接するセールス担当者自身が、顧客にとって本当に良いものを売っているという

156　　　　第4章　マーケティング戦術

確信をもてないとすれば、顧客との長期的な信頼関係など望むべくもない。実際、こういった企業本位のセールスの影響は、単に一商品・サービスの失敗にとどまらず、長期的には顧客の企業への不信、ブランドの失墜、セールス担当者のモチベーションの低下という深刻な問題となって跳ね返ってきている。

　現在の金融業界の競争環境はより厳しくなっている。
　今後は科学的な数値による検証や証明もなく、「ニーズがあるに決まっている」といって多大な時間と資金を投入するような意思決定はできない。セールス担当者にツケを回して長期的な顧客ロイヤルティを傷つけるような意思決定もしてはならない。金融機関の負うリスクは、デフォルトリスク[1]や金利リスク[2]だけではないのである。顧客と企業の長期関係が前提とされるこの業界では、商品開発に伴うリスクは、他業界同様、いや、他業界以上に大きい。可能な限り商品開発のリスクを減らす手法を学ばねばならない。

新商品・サービス開発のリスク

　伝統的な金融業界の商品・サービス開発は、当局の許可のもと、他社と同じものを発売するというかたちをとってきた。インターネット・バンキングにせよ、投資信託の窓口販売にせよ、業界上位企業がまず解禁と同時に発売し、下位企業は当然のように後を追う。その新商品・サービスが、はたして自社のターゲットとする顧客にフィットするものなのか。競合他社との関係で自社はその分野でどの程度強み（弱み）があるのか。どのようにその価値を顧客に伝えるのか。その結果、市場導入コストと維持コストはいくらかかり、最終的に何年でどのくらいの収益が得られるのか。そういった検証が科学的になされることはほとんどない。

4－3　銀行名だけでは差別化できない？（商品）

図表4－3－1　新商品のアイデア源と売上（自社の研究開発 vs 顧客ニーズ）

〈新商品による成果～化学メーカー〉

（新商品のアイデア源）	イノベーションによる売上増加レベル			
	なし	小	中	大
①自社の研究開発	66%	17%	17%	0 %
②顧客ニーズ	33%	33%	14%	20%

　技術は市場ニーズと結びついてはじめてビジネスとして成功する。自社の研究開発部門による技術開発を基盤にした商品（シーズ）よりも、消費者に根ざした商品（ニーズ）の開発のほうが、結果として高い売上成長率をもたらしていることはこれまでも多くの分野で立証されてきた（図表4－3－1）。シーズから開発された商品の多くが、「イノベーションの死の谷」に陥って失敗に終わることもよく知られている。独自のシーズ開発が不要だというわけではない。顧客からはイノベーティブなアイデアは得られないという人もいる。しかし、金融業界のように顧客と感覚がかけ離れた業界では、まず顧客ニーズを正しく理解することが第一歩である。それなくしていきなり大ヒット商品を思いつく、などということはない。

　つまり、まず顧客のニーズを知り、そのニーズを満たす商品・サービスの開発を目指すほうが効果的な商品開発となるのである。

　マーケティングは経営リスクを減らすための手法でもある。新商品・サービスの開発・市場導入時のリスクは非常に大きい。新商品・サービスの開発には最低でも数カ月、時には数年の歳月がかかる。金融サービスの場合、新商品・サービスは、ほとんどの場合、システム開発が付随する大型のものになるのでその影響は通常より大きい。たとえ少数でもいったん購入した顧客が取引を続ける限り、将来にわたってシステム対応や、取扱事務が発生する点で、売り切りの商品とは違って、莫大な損失となりうる。このリスクを可能な限り減らすことが、マーケティングの役割の一つである。

| フレームワーク | 新商品・サービス開発のプロセス |

　渉外係や窓口のテラーなどの現場の従業員は日々顧客に接し、顧客のニーズを聞いている。彼らが重要な情報源であることに疑いはない。

　しかし、彼らが接しているのは、顧客の一部にすぎない。特に、意見をいってくれるのは、非常に親密で無理を聞いてくれる顧客、うるさ型の顧客など、特定の顧客層である。また、現場の従業員は訓練された調査のプロでもない。不慣れな調査員が、バイアスのかかったサンプル（調査対象者）に対して行った調査は、誤った結果を導きやすい。しかも、定性的調査でしかないので、同じ意見をもつ顧客の割合や規模を見積もるといった量的検証は不可能である。現場の声だけでは商品開発はできない。

　通常、新商品・サービスの開発は、①市場機会の発見、②設計、③テスト・マーケティング、④市場導入（本番展開）、⑤ライフサイクル・マネジメントの五つのステップを経る。

①　市場機会の発見

　参入に最も適した市場を見つけ、参入の土台になるアイデアを創出すること。魅力的な市場機会が発見されれば次の段階に進むが、そうでない場合はさらに市場とアイデアを探すことになる。

②　商品・サービスの設計

　アイデアを物理的・心理的な実体に具現化する。ここでの設計とは商品・サービスのみではなく、マーケティング・ミックス（サービス業では、有形化・提供過程・顧客参加を含む7P、詳細は第3章の3－1を参照）などを含む。この段階で消費者調査などで検証しながら、消費者のニーズを満たすものになるまでアイデアの評価や手直しが行われ、満たさないと判断されたものは

4－3　銀行名だけでは差別化できない？（商品）

落とされる。

③ テスト・マーケティング

実験室でのプリテストおよび、小規模なテスト市場でのテストを行う。設計の各部分のテストや、ネーミング・広告コンセプトを含むコミュニケーションのテスト、試行店舗でのセールスと商品パッケージの統合テストなど、いくつかのプリテストを設定する。それらに合格してはじめて、地域や店舗を選択するテスト・マーケティングが行われる。このテスト・マーケティングの結果が基準以下であれば、市場導入（全店・全国展開）を中止し、①、②のプロセスに戻る。

④ 市場導入（本番展開）

市場に新商品・サービスをデビューさせる。生産・流通・セールスなどの綿密な計画と、トライアル・リピート[3]などの実績のモニタリングを行い、市場の反応次第では戦略を変更する。

⑤ ライフサイクル・マネジメント

導入期、成長期、成熟期、衰退期などの商品・サービスのライフサイクルを定期的にモニター管理し、各段階に応じた戦略を決定する。成熟期における既存商品の革新、衰退期における新商品の投入やリポジショニングなど適切な手を打ち続けることが長期にわたる着実な利益につながる。

これらのステップでマーケティングの技術を最大限活用してリスクを減らす必要がある。それをせずに新商品を市場導入することはきわめて高いリスクを伴う。各ステップでの成功確率は図表4－3－2のようになる。

市場機会の発見（単なるアイデア段階）が設計段階を通過する確率(a)は50%、設計段階をパスした商品がテスト・マーケティングで成功する確率(b)

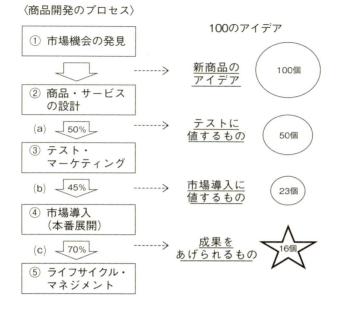

は45％、テスト・マーケティングをパスした商品が実際の市場で成功する確率(c)は70％。つまり、すべての新商品・サービスのアイデアのうち全プロセスを通過して市場で成功するものの確率は50％×45％×70％≒16％にすぎない。

これは、もしスクリーニングやテスト・マーケティングも行わずに導入した商品・サービスの84％は失敗し、それまでにかけた時間とコストがすべて無駄になることを意味している。できる限りそうしたリスクを減らすために、各段階で科学的に検証し、選別をすることがマーケティング部署の重要な仕事になる。

また、そのプロセスに時間がかかり過ぎて導入のタイミングを逃すことも大きなリスクである。それを避けるため、一定枠のテスト予算がマーケティング担当者の裁量で使えるなど、スピードを重視したプロセスがかたちづく

られなければならない。

事例 　思い込みでできた金融商品

　金融業界が行ってきた「思い込みによる商品開発」の事例は多い。

　Aファイナンシャルグループは、保険会社、SIベンダー（システム会社）、コンテンツ提供企業などと共同で有料の会員制のポータルサイトをインターネット上に立ち上げた。個人向けにカスタマイズ可能な金融情報の提供や、ショッピングモールの機能に加え、A銀行のオンライン専業支店と連携した展開を特徴としていたが、スタート1年後の会員数が当初予想の1割にも満たなかったことから、事業を終了した。

　B銀行は、振込みの際に残高不足になった場合のみ、自動的に貸越しが発生する「振込専用総合口座貸越」を開発した。これまで契約はしたもののまったく使われないカードローンが非常に多かったため、振込みという実需に限定した商品が必要だと考えたためである。しかし、「知らないうちに借入れしたことになっている。覚えがない」という顧客からの苦情が多数寄せられ、結局、この商品を廃止した。

　C銀行では、ATMで振込みを行う際に、手数料103円（3円は当時の消費税）で相手先にショートメッセージを送ることができるサービスを開発した。しかし、ATMの操作がわかりにくく、振込みの操作途中に必ず現れる「メッセージを送る・送らない」の選択画面で、よくわからないまま顧客が「はい」を押すとメッセージ入力画面に移ってしまう。操作ミスをした顧客から「使っていないのにATM手数料が引き落とされている」という苦情が多数発生。一方でこのサービスを使う顧客の数はあまり増加しなかったため、サービスを中止した。

162　　　　　第4章　マーケティング戦術

廃止の決定をすることができたこれらの例は、まだ良いほうである。ほとんどすべての銀行が、過去に失敗した商品の残骸、現保有者割合が全顧客の0.01%以下というような商品をいくつか（いくつも）もっている。成功・失敗を測る明確なルールがなく、廃止を決定できない、あるいは、廃止したいが少数でも顧客が保有し続けているために廃止できなくなってしまったのである。

　単独商品で失敗しただけでも影響は大きく、長期に及ぶ。ましてや、ポイント・サービスのような顧客との長期的なリレーションシップを前提とした仕組みが失敗すると、問題はより深刻である。ポイント・サービスは一部の顧客を優遇するものであり、逆にいえば、優遇を受けられない顧客にとっては離脱のきっかけとなりうる。つまり、企業側がどのような顧客に対して長期的関係を望んでいるかを表明しているに等しいのである。サービスの中止や変更は、一度は「長期的関係を結びませんか」、と誘った顧客に対して手のひらを返すのと同じことになる。ひとたび銀行からもう来てくれるなと告げられた顧客に再び振り向いてもらうことは容易ではない。失敗リスクを減らすための十分なマーケティング施策が必要とされるゆえんである。

メッセージ

　マーケティングの役割の一つは、科学的方法で新商品・サービスの失敗リスクを減らすことでもある。思い込みで走らず、ビジネスの科学を活用しよう。

[参考文献]

D. L. Meadows, "Estimating Accuracy and Project Selection Models in Industrial Research", Sloan Management Review 9（Spring 1968），105-119より一部抜粋。

4－3　銀行名だけでは差別化できない?（商品）　　　163

［注］
(1) **デフォルトリスク**　元本の返済や、金利の支払が滞り、貸出金や社債などが回収できなくなる（債務不履行となる）リスクをいう。信用リスク、貸倒れリスクともいう。
(2) **金利リスク**　将来の金利の変動によって、金融機関が保有している債券や貸出金、預金などに逆鞘が生じ、損失が発生するリスクをいう。
(3) **トライアル・リピート**　新商品・サービスの市場導入期にトライアル（試用）をした顧客割合、トライアルした顧客のなかでリピート（再購買）した顧客割合を把握し、商品・サービスの魅力度合いを判断するマーケティング手法。

コラム5 銀行員の常識は世間の非常識　その3
──「正しい」ことをして、客が減る

　大阪在住、M氏、ベンチャー企業経営、40歳。つい最近、彼は、銀行で「窃盗犯同然の扱いを受けた」といって大憤慨。その銀行での取引をすべて引き上げた。彼の言い分を紹介する。

　その日は、知り合いに融通したお金を、返済してもらうことになっていたのですが、その知り合いが、忙しくてどうしても銀行に行けないので、通帳と印鑑を預かって、ある銀行の支店に行きました。お金を引き出そうと窓口へ行くと、「違う支店の通帳ですので、住所をお書きください」とのこと。わからないので、その場で、携帯で電話して聞いて書いたら、「ご本人ではないのですね」と、奥から管理職らしき人が出てきました。「どのようなご関係ですか。あなたの身分を証明できるものはありますか」と聞いてくるのです。あまりに失礼な態度だったので「免許証を提示することはできますが、個人情報を出すのだから、まずは、あなたの名刺をください」というやりとりをした後、免許証を出して、待っていました。

　ところが、全然、呼び出されない。30分待って、「あと10分以内に仕事に戻らないといけない。早く手続してくれないか」というと、「（口座保有者）本人に確認しようと届出住所に電話をしているが、つながらないので、何度もかけている」
　こんな平日に、自宅にいるわけがありません。本人の許可を得て、「携帯の番号はこれなので、こちらにかけてもらいたい」とその銀行員にメモを渡しました。ところが、「それが、ご本人の電話番号であるという確証はない」ということで受け付けてくれません。結局、「もう仕事にさしつかえるから」といって、帰ってきました。
　すると、夜、銀行から、その知り合いの自宅に、確認の電話があったそうですが、「結局お金を引き出さずに帰ってしまって、ますます怪しかったもので」といっていたとのこと。まるで窃盗犯でもあるかのような扱いですよね。「そもそも、本人に電話するのならば、なぜ、私の免許証が必要なの⁉」「本人が電話に出る夜中まで、人を待たせる気だったの⁉」。この銀行のやっていることは、訳がわかりません。
　実は、私自身もこの銀行をメインバンクとして利用していたのですが、1週間以内に、ドル預金も、定期も、公共料金の引落しも、すべて、解約しました。

4－3　銀行名だけでは差別化できない?（商品）　　　165

このエピソードを読んでいるあなたが銀行員なら、きっと「いったい何が悪いのか」と思うかもしれない。「事故防止のために、この管理職は当然のことをしたまで。法的にも、預金者保護の観点からも、この管理職がしたことは、むしろ褒められるべきこと」

　しかし、事実として、この銀行は、上顧客を一人失い、彼が窃盗犯同然の扱いを受けて憤慨しているという話は、何百人もの人間が知ることになったのである。

4－4

多くの顧客が「金利のファン」
だった〈価格〉

お客さまをよく知っているということに関しては、自信があります。

——某信用金庫の渉外係

私たちは関西地区のある信用金庫で、営業推進戦略の構築に関するコンサルティングを行ったことがある。

この信金は、顧客との距離が非常に近いことを誇りとしている。春には花見の会に顧客を招待し、誕生日にはプレゼントを贈るなど、あの手この手を使って顧客との「濃い」関係を築くことが戦略の柱である。窓口のテラーや渉外担当者は、顧客のことは自分たちがいちばんよく知っている、と大きな自信をもっていて、日頃の営業活動や顧客対応によってファン顧客を増やしていると信じていた。

本当にそんなにロイヤルティが高い顧客ばかりであれば素晴らしい。だが、経営陣には不安もあった。今後の営業戦略の方向性を見極めることを目的として、筆者たちは顧客ロイヤルティの構造を明らかにするためのリサーチを実施することにした。そのリサーチのなかから、六つの質問を取り出して検証してみよう。

職員に協力を依頼して、あらかじめリサーチの対象顧客を「自庫のファン顧客」と「それ以外」に分けてもらい、データベース上にフラグを立てた。

（Q1）
取引に総合的に満足していますか【満足】
（Q2）
友人・知人に勧めようと思いますか【口コミ】
（Q3）
取引を今後増やそうと思いますか【取引増加】
（Q4）
金利が他の金融機関より低くても、預けてくれますか【金利】
（Q5）
不満があったら担当者に伝えますか【苦情担当者】
（Q6）
不満があったら他人に悪口をいいますか【口コミ（悪評）】

　さすが日頃から顧客とのリレーションシップを売り物にしているだけはある。彼らはあっという間に判別作業を終えることができた。
　六つの質問への回答の傾向を分析することにより、顧客をいくつかのグループに分類してみた。図表４－４－１（レーダーチャート）は職員がファンと判別した顧客層のなかで特徴的な三つのグループである。

　回答は質問に対して「そう思う」から「そう思わない」まで７段階から一つを選ぶ。レーダーチャート上では外側にプロットされるほどこの信金にとって良い、つまりロイヤルティが高いことを意味する。たとえば、いちばん外側の７点は、【満足】の項目では最も満足度が高いことを意味し、【金利】の項目では金利が他の金融機関より多少低くてもそのまま預金を継続する意向が最も強い、ということである。【口コミ（悪評）】の項目で、いちばん外側の７点は、不満があっても決して他人には言いふらさない、ということを意味している。
　まず〈グループ１〉を見てみよう。グラフは大きくてしかもきれいな六角形を描いていて、すべての項目が高得点となっている。満足度は高く【満足】、取引も増やそうと考えているし【取引増加】、人にも勧めてくれ【口コ

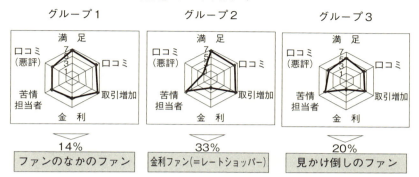

図表4-4-1 「ファン顧客」のロイヤルティ

＊六つの評価ポイントについて7段階で回答（点数が高い＝グラフの面積が大きいほどロイヤルティが高い）

ミ】、他人に悪口をいうようなことはしない【口コミ（悪評）】、不満があれば担当者に話してくれる【苦情担当者】、金利差が多少あっても他の金融機関へ預金を移すつもりもない【金利】。これこそファンのなかのファン、真のロイヤルティ顧客といえる層である。まさに日頃の努力のたまものといいたいところだが、問題はそうした顧客がどれくらい存在するのかということである。実はこの〈グループ1〉は、職員が「ファン顧客」と分類したなかのわずか14％にすぎなかったのだ。では残りの「ファン」とはいったいどんな顧客なのであろうか。

職員が「ファン」と分類したなかで、33％と最も大きな割合を占めていたのは、〈グループ2〉である。〈グループ2〉は、非常に満足していて、取引を増やそうという意図も高く、人にも勧めようと思っている。担当者との距離も非常に近い。ここまでは〈グループ1〉の顧客と同様である。しかし【金利】と【口コミ（悪評）】の部分のグラフが極端にへこんでいるのがわかるだろう。金利がほかより悪くなればこの信金と取引を継続するつもりはほとんどない、つまり現在の金利には満足しているが、もっと有利なところがあればいつでも資金を移す、いわゆる「レートショッパー」[1]なのである。

4-4　多くの顧客が「金利のファン」だった〈価格〉　　169

図表4-4-2 「ファンではない顧客」のロイヤルティ

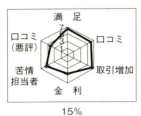

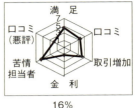

さらに、単に自分が取引を移すだけならともかく、不満があると真っ先に周囲に言いふらす、という非常に厄介な存在でもある。

実は、この信金では、近隣の競合と比較して常に高い定期預金金利を設定してきていた。これらの顧客は、その金利部分のみに魅かれてきた人たちだったのだ。

この結果に対して、役職員たちはショックを隠しきれなかった。自分たちのファンだと信じていた顧客の3人に1人は、単なる「金利ファン」だったのである。

では、一方ファンに分類されなかった顧客はどうだったのであろうか。図表4-4-2がそのグラフである。〈グループA〉のレーダーチャートは大きな六角形となっている。つまり、満足度も高く、取引増加意図も高く、金利が多少悪くなっても心変わりはしないロイヤルティの非常に高い層である。〈グループB〉は【金利】と【口コミ（悪評）】だけへこんだいびつなかたちとなっている。つまり、満足しているし、取引を増やすつもりもあるが、金利が下がれば他へ行くし、気に入らないことがあればどんどん言いふらす、という人たちである。

ここまで説明すればもうおわかりであろう。実は、〈グループA〉と

〈グループB〉のロイヤルティ構造は、それぞれファン顧客の〈グループ1〉と〈グループ2〉に酷似している。しかも、ファン以外の顧客層の各グループに占める割合は、〈グループA〉が15%、〈グループB〉が29%であり、ファン顧客の〈グループ1〉と〈グループ2〉のそれぞれ14%、33%と、ほぼ同じといってよい。

　ファンだと信じていた顧客の3分の1は実は金利の高さに魅力を感じて取引をしていて、本当にファンと呼べるのは15%程度、しかも、それはファンではないと思っていた顧客と同じ構造、というのが現実の姿だったのである。

　企業の側からの見方がいかに「思い込み」であるかがわかる。顧客との距離の近さを標榜としている小規模な金融機関でさえ、これだけのギャップがある。

　なぜこのようなことになってしまうのか？　これは顧客を理解するときの視点に問題があると考えられる。つまり、銀行視点の理解なのだ。

　信金側は金利ではない自金庫の何かに対して顧客が思い入れをもってくれる、と思いたい。普段から顔見知りで、よく話をしているような顧客ならなおさらだろう。だが、信じたいことを信じているだけでは本当に良い関係性など生まれない。

　金融庁は銀行は顧客と「共通価値」をつくるべきだといっている。私たちは一歩進んで「共創価値」をつくるべきだと考える。これは両者がWin-Winになる価値である。銀行本位ではダメだし、「お客さまは神様です」とどんな無理も聞き入れることでもない。銀行と顧客の関係からお互いにどのような価値を得たいのか、顧客と正面から向き合う時期が来ている。

4－4　多くの顧客が「金利のファン」だった〈価格〉

> ## メッセージ
>
> 　取引が多いから自社のファンだとは限らない。地域に密着しているか
> らリレーションシップが強いとは限らない。自分たちの顧客基盤を本当
> に理解するためには、「共創価値」の視点から検証するべきである。

［注］
(1)　**レートショッパー**　価格の安いものを求めて動く顧客のこと。特定のブラン
　　　ドに対する愛着が弱く、より有利な価格を見つけると、躊躇なく他の商品や
　　　企業に乗り換えてしまう。

4-5

良い商品がなぜ売れないのか〈プレイス〉

スマートフォンのあんな小さな画面で金融取引なんてしますかね？
間違えたらどうするんでしょう。

——地方銀行人事部部長

　決して冗談ではない。実際に某地方銀行の人事部長にこう言われたのは、
ごく最近のことである。

　近年、銀行と顧客の接点は減る一方だ。全国銀行協会の2012年と2015年の
調査によれば、銀行の窓口利用は92.7％から89.3％へと減少している。し
かも、月に1回以上の利用に限定すると、24.8％から21.3％への減少とな
る。銀行内ATMも月1回以上利用は75.8％から71.7％へ、コンビニやスー
パーなどの銀行外ATMも同じく40.7％から38.0％へと減少している。セー
ルスパーソンによる対面取引はというと、2012年ですでに月1回未満を含め
ても10.6％にすぎないのだが、2015年には8.6％まで減少している。これを
月1回以上で見ると、2.4％と2.2％だ。銀行員は自行顧客とほとんど会っ
ていないのである。

　一定年齢層以上の人は、取引チャネルの変化といえば、インターネット・
バンキングを想定するだろう。ではそのインターネット・バンキングは、と
いうと、実は増えていない。2012年の65.2％から2015年61.1％とやや減少

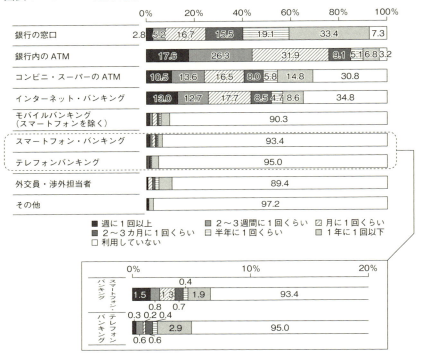

図表4-5-1　銀行利用チャネルの変化[1]

しているのだ。その分はスマートフォン・バンキングの6.5%から11.0%への増加に吸収されている。結果的に、2012～2015年の3年間で増加したのは、スマートフォン・バンキングのみである。物心ついた時から当たり前にインターネットを使っているデジタルネイティブ層（商用インターネットが普及した1990年以降生まれの、現在20歳代後半から、それより若い世代）にとっては、スマートフォンで使うインスタグラムやLINEなどのアプリはブランドとして識別できるが、PCでブラウザを使う検索などはひとくくりにネットと総称されるくらい、遠い存在だという。

とはいえ、スマートフォン利用率はまだ6.5%にすぎず、全体のコンタク

トポイントの減少自体は明らかである（図表4−5−1）。これからの顧客層である若者の銀行離れは、スマートフォン・バンキングでもカバーできていない。

フレームワーク　金融オムニチャネル

　新商品・サービスがどんなに良くても、それを手に入れる方法が不便だったり、自分に合わなかったりすれば、顧客に受け入れてもらえない。しかも、顧客は場面場面で複数のチャネルを使い分けるオムニチャネルの時代である。複数チャネルの使い勝手を整えなければならない、という意味でネット専業銀行などに比べ既存金融機関は負担が重くなる。

　どのチャネルを好むかの特徴はあるものの、デジタルネイティブでも対面チャネルをまったく使わないわけではない。実際、住宅ローンのように金額の大きいものや、複雑な投資商品などでは直接人と話したいという若年顧客は多い。高齢層がスマートフォンを使わないわけでもない。子どもが帰省時にセットしてくれたスマートフォンアプリを便利に使っているという話もよく聞く。要は高齢者でも使いやすいUI/UX（ユーザー・インターフェイス、ユーザー・エクスペリエンス）をつくれるかどうか、である。

　個人取引の場合、今後いわゆるデジタルネイティブ層が増加してくる。多種多様なモバイル機器を自在に使いこなす世代である。ほとんどの情報はネットから得られると思っており、実際に得てもいる。日常のいろいろな商品購入もネット上で行う。TVではなく、タブレットやスマートフォンで選択した番組だけオンデマンドで観て、YouTubeで情報を集める。会社に来る銀行の渉外と話すなど、わずらわしいことこのうえなく、時間の無駄、同

4−5　良い商品がなぜ売れないのか〈プレイス〉　　　175

じサービスを提供している FinTech はないかとインターネットで検索するような顧客だ。

　こういった顧客に振り向いてもらうためには、彼らの本来のニーズに訴求する必要がある。そのため、本来のニーズが何か、そのニーズをどうやって埋めるのかを知らなければならない。

　もちろん対面コミュニケーションがバーチャルを上回ることはあるだろう。それは、相手の嗜好や思考に合わせた対応や知識の提供、つまりきめ細かなカスタマイズが必要な場合である。ネットに溢れる情報を上回る知識価値や、リアルな接点でしか実現しない感情価値を創出するには、コミュニケーションスキルに秀でた渉外係を採用することに加え、顧客の行動や心理を深く知るマーケティング・リサーチは必須となる。

　中小企業の経営者との取引のなかの知識価値を考えてみよう。経営者はさまざまな経営上の課題に直面しており、必要になるのは単に財務や金融商品に関するものではなく、経営全般に関する知識だ。マクロ・ミクロ経済知識・経営戦略・マーケティング・人的資源管理・組織行動、自社に関連する技術の最新動向、規制の変化など、多岐にわたる。当該企業と経営者に関する理解が深まれば深まるほど的確な知識が提供できるようになる。このような内容であれば対面でのやりとりは必須であろう。

　最後に、注意が必要なのは、「売らんかな」姿勢の営業は、この時代、また特にデジタルネイティブ層には反感を買うことはあっても、決して支持されることはないということである。

> ## メッセージ
>
> 　対面でしか提供できないサービスには人の高度な知識・スキルが、
> バーチャル提供サービスには優れた UI/UX が必須である。経営資源と
> 顧客ニーズをベースにオムニチャネル化を進めていく必要がある。

［注］
(1)　全国銀行協会の資料をもとに筆者が加工。

4－6

良い商品がなぜ売れないのか
〈プロモーション〉

不動産投資信託（REIT）[1]が日本ではまだ始まったばかりの頃の話。発売前は売れ過ぎたらどうしようと思っていたほどだったが、実際は、特に個人投資家にあまり売れなかった。なぜなのか。マーケティングの見地から分析してくれないか。

——不動産シンジケーション協議会[2]

　商品性が悪いわけでもないのに、ある商品がまったく売れない、という話を聞くことがある。もちろん、担当者が悪くないと思い込んでいるだけで、顧客から見るとまったくのダメ商品という可能性はある。しかし、本当に商品が悪くないのに、顧客にうまくそれが伝わっていない、という可能性もある。

　商品の品質が良いか、悪いかは、顧客が主観で決める。ある人にとっては素晴らしい商品であったとしても、自分にとっては、まったく価値がないということもある。良い商品が売れない、というときは、どんな顧客が何を評価してくれているのか、いないのかを、きちんとたどる必要がある。

事例　日本版不動産投資信託（JREIT）

　売る側が「こんなに素晴らしい商品はない」と思ったとしても、さっぱり

178　　　　　第4章　マーケティング戦術

図表4－6－1　JREIT（不動産投資信託）の仕組み

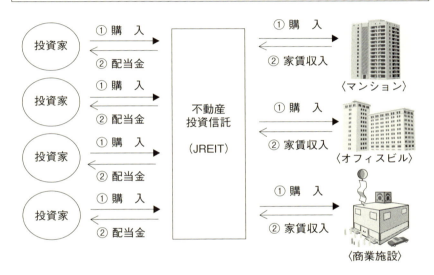

〈JREIT の仕組み〉[3]
① 投資家から集めた資金でオフィスビルやマンションなどを購入
② ビルの家賃収入などから経費を差し引いた利益を投資家へ分配
■証券取引所に上場（2017年12月時点で59銘柄）
■価格が変動するため元本割れの可能性あり

売れないというのもよくあることだ。JREIT はかつてそんな状況に陥っていた。

　JREIT とは、投資家から集めた資金をオフィスビルなどの商業施設やマンションなどに投資して、その賃貸料や売却益を分配する商品である（図表4－6－1）。米国などでは大きな市場を形成していて、日本では2000年に解禁され、翌2001年9月に最初の商品が東京証券取引所に上場された。

　登場から1年たった2002年、不動産シンジケーション協議会からの依頼を受け、私たちは、売れ行き不振の仮説を探索するための定性調査を行った。予算と時間の関係で、定量調査による検証は行っていない。以下、その「仮説」の一部を紹介する。

4－6　良い商品がなぜ売れないのか〈プロモーション〉　　179

まず、「JREIT を買ったことがある」人たちのグループに話を聞いた。彼らの JREIT への評価は、驚くほど低かった。「買って、満足して、他人に勧めるほど気に入っている」という顧客がほとんどいないのである。

　金融ライフスタイルでいうと、彼らは「イノベーター」である。金融に関する知識も関心も高い。新しいものへの興味も旺盛である。どちらかというと、投資のプロに近い。人に任せるのがいやで、自分で情報を集めて判断できる人たちである。なんとインタビューした５人中４人までが、JREIT に組み入れられている20件とか40件の物件を見に行っている。そのビルを訪れ、なかに入って、テナントの入居状況を自分の目で確かめているのである。

　彼らは、日頃付き合っている証券会社の担当者に紹介され、JREIT の存在を知った。自分で詳細に検討した結果購入したが、期待外れだという評価を下している。短期間で売買してキャピタルゲインをねらうのが目的なのに、買ってみたら値動きが小さ過ぎるというのだ。とりあえずお試しで買ってみたが、長く保有する気はない。

　売れる商品は、初期に買ってくれた人たちが、その商品について良い評判を伝える役割を担う。しかし JREIT の場合、彼らが圧倒的に不満をもっているのだから、次につながらなかった。

　そもそも、ニーズが合わない彼らを最初のターゲットにした証券会社の売り方に大きな間違いがある。

　次に「JREIT に興味がありそうな」人たちを探してみた。金融への関与は高いが、知識が少ない「興味先行層」が、最も、興味を示している。興味がある彼らが、JREIT を購入していない最大の理由は、理解していないからである。動機もあれば知識もある「イノベーター層」であれば、分厚い目論見書を読むし、実際に物件を見に行ったりもする。細かく個別の情報を分

180　　　　　　第４章　マーケティング戦術

析して、それを検討し、購入の可否を判断する。

しかし「興味先行層」は、そこまでの労力はかけない。知らないものに出会ったら、できるだけ知っている既存のカテゴリーに当てはめて考えようとする。JREITはいったい何に似ているのか、彼らはそう考える。知らなかった人たちにインタビューの場でJREITの説明資料を見せて質問をすると、どの金融商品のカテゴリーに入ると考えるかはバラバラであった。投資信託だという人もいれば、株だという人もいる。不動産投資だと考える人もいるし、金利の高い預金みたいなものだと感じる人もいる。なかには、和牛や競走馬のファンドみたいなものだと答えた人もいる。

そんな状況で、まずネックになったのは「JREIT（日本版不動産投資信託）」というネーミングそのものだ。JREITを"ジェイ・リート"と正しく読める人がほとんどいない。そして、JREITという横文字自体への評価は「わからない」「何のイメージもわかない」「横文字は怪しい」というものであった。

次にJREITが不動産投資信託だと聞かされると、「不動産」という言葉だけで拒否反応を示す顧客が多数出た。

「投資対象として遠いもの」
「うちの近所では土地はずっと下がり続けている」
「ワンルームマンション投資で痛い目にあった」

というように、ネガティブなイメージが非常に強い。ところが、JREITの仕組みをきちんと説明すると、不動産投資に拒否反応をもつ人のなかにも興味を示すケースもあった。つまり「不動産」という言葉がつくと、中身を見る前に拒絶してしまうのである。

一方、「投資信託」についても悪いイメージをもつ人たちもいた。「人が運

図表４−６−２　JREITのターゲット層とは

　　すでに購入した投資家　　　　　　関心がある投資家

　　　　イノベーター層　　　　　　　　興味先行層

・金融に対する関心も知識も高い　・金融に対する関心はあるが知識がない

　　　⬇　　　　　　　　　　　　　　　⬇

「期待外れ」「もう買いたくない」　　「知らない」「わからない」から買っていない

用して自分が損をするのは許せない」「人に任せるのはいやだ。自分で決めたい」というのである。

　興味先行層のように、知識が少なくかつ自分で調べるまでの労力をかけたくない層にとって、「商品名」は重要な伝達ツールである。「不動産投資信託」という商品名は、ターゲットとなる投資家にとってアピールしないばかりか、逆に拒否反応すら起こさせるものであった。

　あるシンポジウムで、JREITのマーケティング戦略に関するパネルディスカッションが行われた。その席で、金融業界関係者ではないあるパネリストがこんな問いかけをした。

　「ところで、このJREITは、どんな投資家をイメージしてつくられたのでしょうか？　どんなセグメントがターゲットになるのでしょう？」。その人にとっては、ごく当たり前の質問だったのだろうが、他のパネリストは答えに窮してしまった。金融業界を象徴するひとコマである。

> ## メッセージ
>
> 　どんな顧客が買ってくれそうなのか、どうすれば顧客にそれらの良さが伝わるのか、をきちんと理解しないと、いくら素晴らしい商品でも顧客から相手にされないこともある。

［注］

(1)　**不動産投資信託（REIT）**　Real Estate Investment Trust。投資家から集めた資金を、オフィスビルなど複数の不動産で運用し、賃貸収益や売却益などを配当金として投資家に分配する金融商品。米国では1960年に登場し、2016年10月時点の市場規模は約9,300億ドル（約105兆円）。一方日本では、JREIT（日本版REIT）として2000年11月に解禁され、2001年9月には東京証券取引所に上場された。本稿の調査を実施した2002年7月時点では6銘柄であったが、2017年12月時点で59銘柄、時価総額は約11兆5,000億円となっている。

(2)　**不動産シンジケーション協議会**　不動産証券化市場の健全な発展を図ることを目的に、1990年に設立された任意団体。2002年12月に社団法人となり、現在の名称は一般社団法人不動産証券化協会（http://www.ares.or.jp）。

(3)　**JREITの仕組み**　各種資料を参考にマーケティング・エクセレンスが作成。通常、証券会社のホームページ等に掲載されている仕組み図では、資産運用委託先や不動産管理委託先なども含まれるが、本書の趣旨に照らし、最低限必要な情報（投資対象およびリターンの源泉）のみに簡略化した。

4－6　良い商品がなぜ売れないのか〈プロモーション〉　　183

4 － 7

借りてほしくない自動車ローン〈プロセス〉

> 普通、メールオーダーっていったら、郵便で全部、すむはずですよ
> ね。申込みはできるけど、品物を受け取るには、お店に行く必要がある
> なんて、聞いたことないですよね。
> ——ある銀行の自動車ローンのパンフレットを見た顧客

　自動車ローンは車を買うために借りる。自動車ローンの借入れがどのよう
に決められるかは、車の購入がどのように決められるかとあわせて考える必
要がある。

　ある顧客が車を買う場面を想像してみよう。きっかけはさまざまだ。就職
した、子どもが生まれた、といったライフイベントを機に車が必要になるこ
ともあれば、いま乗っている車の車検切れがきっかけになることもある。
　車のCMを注意して見るようになり、パンフレットを集める。ある程度
絞り込んでから、休日にディーラー回りをする。何週目かでやっと気に入っ
た車が見つかり、買うことを決めた。100万円以上の買物だ。車を決めると
いう決断だけでもうくたくたになっている。一種の興奮状態にもある。
ディーラーのセールスマンは顧客が車を決めたその瞬間、「これなら月2万
円の支払ですみます」とごく自然に、かつ当然ローンを使うものという調子
で話を切り出す。手続はあっという間に終わる。申込用紙にサインして後は
振替口座印さえあればOKだ。「金利が高いとか低いとか考える余裕はな

184　　　　　　第4章　マーケティング戦術

かった。だれでもローンで買うものなのかと思ったし、月2万円でこの車に乗れるなら安いと思った」。

　銀行にとって自動車ローンの最大の競合は、隣の銀行ではなくて、自動車ディーラーである。自動車ディーラーからすれば、自動車ローンは大きな収益源である。関連のファイナンス会社に収益が落ちれば、セールスマンの評価も上がる。他のクレジット会社を紹介した場合でも、キックバックは大きい。銀行が自動車ローンを獲得しようと思ったら、「その瞬間にその場にいる」ディーラーの圧倒的優位性に対抗しなければならない。車を決める前や決めた瞬間に「ローンを借りる先」として思い出してもらわなければならない。

　ディーラーとの戦いが、車を決める前の勝負であるにもかかわらず、銀行の自動車ローンの多くが、車を買いたい人が車を決める前には借りられるかどうかわからない。多くの場合、銀行で自動車ローンを借りるには、資金使途証明書類（車の見積書）が「申込時点」で必要なのだ。ところが顧客が買う車を決め、ディーラーから見積りを手に入れた後では、「時、すでに遅し」である。ディーラーのローンセールスはもう終わっている。残っているのは他の借入手段と比較してから決めようという一部の強い意思をもった人だけである。

　つまり銀行がしなくてはならないのは、「よそのローンも考えてみる」と少なくともディーラーでのローン契約を保留して帰ってきてくれる顧客を増やすことである。図表4-7-1は、ある銀行の実際の自動車ローンの「メールオーダー」のパンフレット（実際のパンフレットを参考に筆者作成。レイアウトやデザインは変えてある）だが、このパンフレットを手にした顧客の多くは、おそらくは困惑し、なかには腹を立てる人さえいるのではないだろうか。顧客の意思決定過程を想定しながら、その困惑ぶりをたどってみよう。

4-7　借りてほしくない自動車ローン〈プロセス〉　　185

図表4−7−1　自動車ローンのパンフレット（メールオーダー）

郵送でお申込み
メールオーダー

○○銀行
オートローン

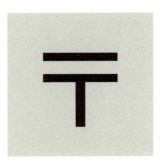

あなたのカーライフを
しっかりとサポートします。

● 最高300万円までお借入れいただけます。
● 窓口にいらっしゃらなくても、メールオーダーでスグ、お申込み。
● 審査結果は投函されてから約10日後にご連絡。
（窓口、インターネットでお申込みの場合、原則としてお申込受付日の翌営業日にお電話でお知らせいたします。）

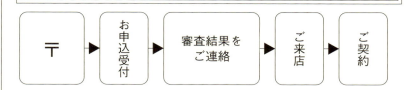

〒 → お申込受付 → 審査結果をご連絡 → ご来店 → ご契約

ご利用いただける方
□ 保証会社 ㈱○○の保証が受けられる方。
□ 勤続（営業）年数が1年以上の方。

借入利率
□ 変動タイプ：当行の「短期プライムレート連動長期金利（3年超）」を基準とする利率。
□ 固定タイプ：お借入れ時の利率を完済時まで適用。
＊借入利率は窓口またはコールセンターにてご確認ください。

ご郵送いただくもの
□ ローン申込書（①②枚目に押印ください。）
□ 運転免許証のコピー
□ ご購入自動車の見積書のコピー

留意事項
□ お借入金はご指定のお支払先の口座にお振込致します。
＊振込手数料は別途ご負担いただきます。
□ お借入実行後、車検証のコピーを保証会社へご郵送いただきます。

4-7 借りてほしくない自動車ローン〈プロセス〉

〔審査結果のご連絡〕審査結果は投函から約10日後。窓口、インターネットでお申込みの場合、原則としてお申込受付日の翌営業日にお電話でお知らせいたします？？

　窓口やインターネットなら翌日結果がわかって、しかも電話で教えてくれるのに、郵送だけが10日もかかるのはなぜだ。せめて電話で回答してくれればもっと早くなるだろうに。

　　＊ちなみに、この銀行に電話をして、郵送の場合だけ回答が遅い理由を聞いたところ、「他の申込方法とは担当部署が違うから」との答えであった。

〔ご利用いただける方〕保証会社　㈱○○の保証が受けられる方？？

　「○○」って、何の会社？　銀行とどういう関係なのか？　消費者金融の名前みたいだが。消費者金融からお金を借りるのは、なんだか怖いし世間体も悪い。だから信用のおける大手銀行から借りようと思ったのに。

〔借入利率〕短期プライムレート連動長期金利[1]（３年超）？？、借入利率は窓口またはコールセンターにてご確認ください？？

　金利はそもそもいくらなのか？　いくら借りたら毎月いくら支払わなければならないのか？　パンフレットのどこにも載っていない。金利に関することで唯一載っているのは、「短期プライムレート連動長期金利（３年超）」。意味不明。わざわざ銀行員に頼んだり、聞いたりするのがいやだから郵送にしようと思ったのに、結局窓口に行くか電話しないとわからないとは……。しかも、今日は日曜日。窓口はともかく、コールセンターまで休んでいる。

〔ご郵送いただくもの〕ご購入自動車の見積書のコピー？？

　どの車を買うかなんてまだ決まっていない。いくら貸してくれるかで、買える車だって変わってくる。だからまず申込みを、と思ったのに、先に車を決めて見積書をとらないといけないというのはどういうことだ。

〔留意事項〕お借入金はご指定のお支払先の口座にお振込致します（振込

手数料は別途ご負担いただきます）。お借入実行後、車検証のコピーを保証会社へご郵送いただきます？？

　ご指定のお支払先というのは、（よくわからないが）車を買ったディーラーのことだろうか。でも、なぜ自分の口座に入金ではいけないのか？別のことに使うかもしれないと疑われているらしい。不愉快だ。振込みにしなければいけないのもなぜだかわからない。銀行が強制的に振込みさせるのに、振込手数料をとるのも納得いかない。振込みさせるくせに、まだ疑って車検証のコピーを送れといっている、まったく不愉快だ。

　さて、みなさんはどう思われただろうか。金融関係者ならローンに関するさまざまなリスクや、システム対応、事務規定、人事労務上の問題などが頭をよぎったのではないだろうか。

　「そうはいってもやむをえない事情がある」、といいたくなるかもしれない。

　しかし、顧客の視点から見れば、そんなことは「関係ない」のである。せっかく銀行でローンを借りようとATMコーナーからパンフレットをもってきたのに、これでは、この節のタイトルのように思われても仕方がない。

　「本当は借りてほしくないと思っているのだろうか」。

メッセージ

　金融商品・サービスの提供プロセスを、消費者の購買行動に沿って考えると、いかに銀行側の都合が優先されているかがわかる。すべてをすぐに改善できないとしても、まずは「何がおかしいのか」を洗い出してみてはどうだろうか。

4－7　借りてほしくない自動車ローン〈プロセス〉

［注］

(1) **短期プライムレート連動長期金利**　銀行が、最も信用力のある企業に対して、期間 1 年未満の貸出に適用する最優遇貸出金利を「短期プライムレート」という。その短期プライムレートに一定の金利を上乗せし、短期プライムレートの上下に合わせて変動するのが「短期プライムレート連動長期金利」である（「新長期プライムレート」とも呼ばれる）。

4−8

不満な従業員では顧客を
満足させられない（参加者）

> 何がいちばんうれしいって、お客さまに「ありがとう」といわれた瞬間です。テラーの仕事をしていて良かったと思います。
>
> ——某地方銀行の中堅行員（窓口テラー）

　サービス業では、サービス提供過程で顧客の参加が必須となる。顧客は、美容院に行けば、美容師に髪の長さや色や仕上り・スタイルの好みを伝える。病院では、自分の症状を説明することで医師の診察に協力する。

　金融サービスも同じで、顧客はATMを操作したり、自社の経営状態を説明したり、また、どの程度のリスクならとってもよいかを説明して、従業員と一緒に金融サービスの提供過程に参加し、共創する。

フレームワーク　　サービス・プロフィット・チェーン

　自分が幸せだと思っていない人は、他人を幸せにすることはできない。同様に、仕事に不満を感じている従業員が顧客を満足させることはできない。一般的にサービス業では、従業員の満足と顧客満足には強い関連がある。従業員が満足し企業にロイヤルティをもてば、サービスの質が向上する。顧客は従業員から良いサービスを受けて満足し、その企業に対してロイヤルティをもつ。その結果、顧客維持率が上がり、購買が増え、収益増につながる。

4−8　不満な従業員では顧客を満足させられない（参加者）　　191

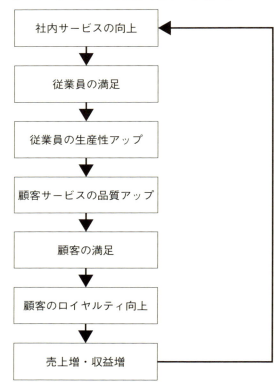

図表4−8−1　サービス・プロフィット・チェーン

　収益が増えれば従業員への社内サービスも充実し、従業員の満足とロイヤルティはさらに上がるという好循環となる。ハーバード大学ビジネススクールのJ．ヘスケット教授らが提唱しているこの収益連鎖（サービス・プロフィット・チェーン）は、ディズニーやリッツカールトン・ホテル、サウスウエスト航空など多くの優良企業で実践されている。

　残念ながら、日本の銀行でサービス・プロフィット・チェーンがうまく機能しているところは少ない。図4−8−2は、ある地方銀行で顧客調査を行い、担当行員の評価と支店収益をつなげて分析したものだ。従業員が満足す

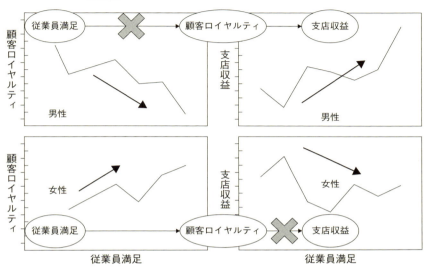

れば顧客ロイヤルティが向上し、収益につながるというサービス・プロフィット・チェーンのとおりなら、グラフはすべて右上がりの線になるはずだ。

　ところが上段の男性行員グラフでは、従業員満足と支店収益は正の関係であるのに、従業員満足と顧客ロイヤルティは負の関係になっている。従業員が支店目標に従って業績を上げ、自身も高い人事評価を得て満足している一方、そのために顧客に無理なお願いセールスを行い、顧客ロイヤルティは下がっている状態である。

　では、下段の女性行員の場合はどうだろう。従業員満足と顧客ロイヤルティは正の関係である一方、従業員満足と支店収益には関係性がみられない。女性行員は顧客に喜んでもらうことをモチベーションに働いており、今期の支店収益のために働いているわけではない。そもそも支店目標を一生懸命達成しても、彼女たちは昇給も昇進もしないことが多い。正しい評価がい

かに重要かがこの結果からもわかる。先述したとおり、感情価値や知識価値を評価する仕組みが必要なのである。

サービス・プロフィット・チェーンの特筆すべき点は、連鎖の起点が「従業員に対する社内サービスの向上」であるということだ。従業員を満足させるために、社内の体制を整えること、これが最初に必要なことと、従業員に対するサービスとは、福利厚生のような間接的な労働環境の整備だけではなく、仕事をするうえでの直接的な仕組みをも指している。次のことは最低でも必要な要件だ。まず、「顧客との共通価値の設定」。二つ目はそのための「環境整備と権限委譲」、そして三つ目が顧客を満足させたことに対しての「正当な評価と報奨」である。

(1) 顧客との共通価値の設定

この本の初版を書いていた頃、異業種のマーケターから金融業界に転職したＡ氏が、大きなフラストレーションを抱えていた。

「銀行で何か新しいことをやりたいといったら、必ず聞かれるのが、あそこの部の部長は何ていっていた？　あっちの役員はOKしてくれたか？　つまり、ちゃんと社内の根回しはすんでいるか、ということ。マーケティングの専門家でない他部署の役員や部長に思いつきで好き勝手なコメントをもらっても何の付加価値もない。意思決定を遅らせゆがめるという意味では、むしろ邪魔な存在になっている。彼らがいるから、組織が変わらない。しかも、みなが合意したのだからといって、だれも責任をとらない」。

彼は続けて、こうこぼした。「前の会社（外資系ではない。日本のマーケティング先進企業である）で、そういうときに徹底的に聞かれたのは、どれだけの顧客にどうやって聞いたのか。その結果、どれだけの顧客が支持してくれそうなのか」。

金融業界で意思決定の際に重視されるのは、「監督官庁の意向」「社内の意

見」と「同業他社の動向」である。「顧客調査や分析の結果」が判断の基準
となることは、ほとんどない。A氏のコメントにもあるが、その場の思いつ
きや、自分自身の限られた経験で議論し判断するのは、時間の無駄であるば
かりか、結論を誤った方向へ導く危険性がある。客観的で具体的な数値に基
づいて議論をしてはじめて、より正しい意思決定が可能になるのである。ま
た、競合を知ることは大切であるが、「同業他社がやっているから」という
理由でろくな検証もせずに判断するのは、思考停止といわざるをえない。

　残念ながら、A氏はこの後しばらくして銀行を去った。もっと残念なこと
に、いまだに日本の金融業界では、顧客の声よりも監督官庁や声の大きい役
員の意見のほうが重視されている。

　ある地方銀行では、稟議に印鑑を押す関連部の部長のオフィスが物理的に
離れた場所にある。したがって、一刻を争うような稟議を通すのにも、場合
によっては３日かかる。１枚の稟議書に三つの印鑑が並んで押されていなけ
ればならないからだ。「３カ所に同時に送ればよい」。普通ならそう考える。
しかしそれは許されない。部長が、自分が印鑑を押す前に「別の部の部長が
承認したかどうかを確認したい」と思っているからである。

　自分たちに収益をもたらしてくれるのはいったいだれなのか、問い直して
みるべきではないだろうか。自社の商品やサービスを利用してくれるのは、
声の大きい役員でもなければ、同業他社の従業員でもないはずである。

　行内や監督官庁ではなく、常に想起されるのは、顧客はどのような価値を
求めているかでなくてはならない。

(2)　環境整備と（顧客のためになることをする）権限委譲

　従業員が顧客の望みをわかっていても、そのサービスを提供できる環境、
特に権限をもっていなければ、サービス・プロフィット・チェーンは機能し
ない。日本の銀行では、詳細な事務規定があり、しかも監査で違反が発見さ

れれば評価は大きく下がる。そのため、現場担当者の裁量の余地は極端に小さいのが一般的である。支店の窓口の行員も、電話のオペレーターも、ささいなことでも通常と異なることが発生すると上司にお伺いを立て、上司が判断できなければ事務部に電話で問い合わせる。その間顧客は延々と待たされ、たらい回しにされるのだ。これは顧客だけではなく、従業員にとっても自行への不信と不満を引き起こす。「お客さまを大切に」といわれているのに、顧客のためになることをしようとしたら、社内で自分の評価が下がる可能性がある。そのような状況では、顧客の立場に立って考えるどころか、自分でものを考える習慣までなくなる。

　もう20年以上も前の話になるが、米国に住んでいた当時、クレジットカードの支払は、毎月カード会社に小切手を送るのが一般的であった。これは、日本での普通預金からの自動引落しに慣れていた人間にとって、面倒くさいことこのうえない。ある月、ふと気づいたら支払期日を5日過ぎていた。慌てて小切手を送ったが、翌月の請求書にはしっかりLateFee（支払遅延手数料）10ドルが加算されていた。「たった1週間かそこら遅れたぐらいで、10ドルもとるのか！」と腹が立ち、カード会社に電話した。「LateFeeが10ドルもとられていたんですが、これは何？」と文句を言い始めたとたん、「では、LateFeeは取り消させていただきます。これまで一度もお支払が遅れたことがございませんので、今回は免除させていただきます」といわれてびっくりした。こちらのミスなのに、あっという間に取り消してくれたのである。

　電話を受けてくれた女性が別に上司に相談した気配はない。第一線のオペレーターが、それだけの権限をもっているのである。その権限によって、離れかけていた顧客をつなぎとめることができたのである。

　一方、あるメガバンクの両替窓口。米国に旅立つ間際の成田空港。手持ち

のドルに多少の不安があったので、両替しておくことにした。トラベラーズチェック300ドルの購入を申し出たところ、「申し訳ございませんが、トラベラーズチェックは500ドルからしかおつくりできません」といわれた。ここは怒らなくてはいけないと思った。だれも文句をいわなかったら、きっとこのまま何も変わらないだろうと思ったからだ。米国はカード社会。でもファストフードとかチップみたいに、現金で払うケースがたまにある。だから現金も多少は必要だが、かといって米国で100ドルを超える現金を持ち歩くのには抵抗がある。だから、トラベラーズチェックが少しだけ必要なのだ。「ここは成田でしょ？　空港の両替所が両替できませんってどういうことですか」「申し訳ございません」と担当者は頭を下げる。「別にあなたのせいだといっているわけじゃないんです。お客がものすごく怒ってたと、本部に伝えておいていただけますか」「必ず伝えさせていただきます」ともう一度頭を下げる担当者に、「お名前を教えていただけますか」と尋ねた。自分だったら本部に連絡なんてしないだろうなと思ったからだ。そうしたら、驚くべき答えが帰って来た。「どうして名前をいう必要があるんですか」「ちゃんと本部に連絡してくださるかどうか、あとから本部に確認するためです」。彼は席を離れ、後ろにいた上司に何やら相談しに行った。どうやら、事情を説明し名乗ってよいか聞いたようである。上司とともに席に戻ってきた彼は、ようやく名前を教えてくれた。この話には、オチがある。実は、彼は胸に名札をしていた。私が漢字で書かれたその名札の読みがわからなかったので、名前を尋ねたのだ。顧客接点にいる従業員が、名札をつけていながら、自分の名前を名乗ってよいかどうかを上司に聞きに行く。これでは、カスタマーセントリックなど実現できるわけがない。

　現場の担当者にもっと権限を与え、どこまでが裁量の範囲で、それはなぜかを明確にする必要がある。判断の自由度が責任感を生み、能力を引き出し、従業員の満足を高め、それが顧客の満足・ロイヤルティへとつながって

4－8　不満な従業員では顧客を満足させられない（参加者）

いくのである。

(3) 正当な評価と報酬

　従業員が顧客に価値のあるサービスを提供することに対して、適正な評価と報酬を受けられるようにしなければならない。それは経済的なものだけではない。

　たとえば、マーケティング・エクセレンスの名づけ親でもあるアナット・バード氏[1]は、ウェルズ・ファーゴ銀行で地域担当頭取をしていた時代、四半期ごとに優秀な従業員を自宅に呼んで手料理を振る舞っていた。私たちが同行を訪問し、従業員にインタビューした際、全員から「バードさんのパーティーを知っているか？」と聞かれた。その場に呼ばれることが従業員にとって一つのステータスであり、金銭以上に大きな価値であったのだ。

　もちろん、ウェルズ・ファーゴには金銭的な報酬体系もある。収益につながる先行指標としてセールスにつながる電話やセールストーク、実績指標としては結果としての収益、その他担当業務によって残高・取扱高・クロスセル数など、詳細な基準が決められている。

　同時に、顧客のためにならないことをした場合のペナルティーもある。米銀には、顧客の意に添わない商品を無理に買わせたことへのペナルティーを明文化しているところも多い。顧客が能動的に苦情を申し立ててこなくても、定期的に監査が入る。内部資料を調べるだけではなく、直接顧客に聞きに行くこともある。その監査で顧客が必要としない商品を売っていたことが判明すれば、それが業績評価の際にカウントされないだけでなく、従業員はそれが理由でクビになる場合もある。にもかかわらず2016年9月ウェルズ・ファーゴ銀行では顧客に無断で口座開設をしたり、カードをつくったり、保険料の二重取りをするなどの大規模な不正が発覚した。その数は2011年から2015年までに200万件に及ぶとされる。結果的に5,300人の従業員が解雇され

た。

　一方、日本ではどうだろうか。筆者たちは最近、ある地域密着型金融機関で、60歳以上の大口預金顧客への定性調査（質問紙配布による自由回答形式の調査）を実施した。調査対象者は各支店2〜3名ずつ。プロジェクトの日程と回収率を考慮し、支店長が、最も頼みやすい顧客に調査用紙を持参して、直接依頼する方式をとった[2]。戻って来た結果は、経営陣に少なからぬショックを与えた。「不満や要望などを自由にお書きください」という欄に記入した顧客の1割が、無理なお願いセールスへの不満を強い調子で書き連ねていた。「こちらの都合を無視した勧誘は、いい加減にやめてほしい」「付き合ってやってはいるが、非常に迷惑している」など。

　その金融機関にとって最も「良いお客さま」であると同時に、濃く深く長い関係があり、お願いすれば快く何でも聞いてくれると思っていた顧客が、実は、大きな不満を抱えていることが判明したのである。

　たとえば、融資取引がある中小企業の経営者や従業員に個人向け商品（投資信託やカードローンなど）を半ば無理やり買ってもらう、というお願いセールスは、メガバンクから信用組合・農協まで、あらゆる規模のところで日常茶飯事となっている。はたしてそれで良いのだろうか。日本でも、十分なリスク説明がなされないまま売られた投資信託などにはペナルティーがある。だが、付き合いでつくったため、まったく利用されていないカードローンなどはおとがめなしで、むしろ一種のセールス手法と考えられている。長期的に見て顧客との関係を壊すようなセールスは害が大きい。ペナルティー対象と考えるべきであろう。

　意思決定をカスタマーセントリックにするために、もう一つ必要なことは、マーケティング担当部署を経営トップに直接レポートできるような位置づけにすることだ。

　　　　　4−8　不満な従業員では顧客を満足させられない（参加者）　　　199

カスタマーセントリックな意思決定に基づくアクションを「実行に移す」には、組織のあらゆる部署への影響力が必要となるからである。商品・サービスや広告宣伝だけがカスタマーセントリックになればそれですむわけではない。たとえば、サービスの内容は改定したが、内部の事務フローを抜本的に変えないと、顧客のニーズに応えられないかもしれない。顧客は必ずしも最先端のシステムを望んではなく、IT投資を当初の計画より抑えるという意思決定が妥当になるかもしれない。その気がない顧客に、投資信託を無理やり「お願いセールス」することで、ロイヤルティが低下し、他の取引にも悪影響が出るとわかれば、営業店の目標設定自体を見直さねばならないかもしれない。

　マーケティング担当部署に十分な力がなければ、オペレーションのプロセスを変更する、プロモーション予算を削ってほかに回す、顧客の離反を招きかねない過度なノルマはやめる、といった方向に組織を動かしていくことは、まず実現できないであろう。

メッセージ

　顧客の満足を高め、ロイヤルティにつなげるためには、まず、顧客と「共通の価値」をもち、それをビジネスとして実現するために「環境整備」し、従業員に十分な「権限」と働きに見合った「評価」を与えることが必要である。

[参考文献]
「サービス・プロフィット・チェーンの実践法」(「ダイヤモンド・ハーハード・ビジネスレビュー」ダイヤモンド社、1994年7月号P7の図を加筆修正。

［注］

(1) アナット・バード氏（Anat Bird） 元ウェルズ・ファーゴ銀行執行副社長。米国リテールバンキング業界のオピニオンリーダー的存在。著書に『金融リテール戦略：米国スーパーコミュニティ銀行に学ぶ』（東洋経済新報社、戸谷圭子・栗田康弘共訳）がある。

(2) 支店長と親密な関係にある顧客を調査する目的があったためとった方法で、通常の調査ではこういった対象顧客の選び方はしない。

4-9

金融サービスにとってのブランド（有形化）

> どうして、こんなに覚えにくい名前になったのでしょうか。
> ——旧東海銀行（現、三菱東京UFJ銀行　2018.4.1からは
> 三菱UFJ銀行に）を利用していた顧客Sさん（45歳）

そもそも、ブランドとは何であろうか？　ある定義では、「"組織の存在理由"そのものであり、歴代の経営者や従業員たちの熱い血が流れる"生きもの"」（片平、1999）とされる。日本でいえば、暖簾（のれん）や看板に近い概念であり、企業のあり方そのものを表す。経営者の夢、企業の理念がブランドであるといってよい。

企業にとってのブランドの価値は図表4－9－1のように整理される。
品質が同じでも、強いブランドの製品は弱いブランドの製品より高い価格で売ることができる。機能がほとんど変わらなくても、「シャネル」のブランドがつくと他のメーカーより高くても買う消費者がいる。

ブランドによって、売上げを増やすのみならずコストも削減することがで

図表4－9－1　ブランドの価値[1]

きる。強いブランドは、認知度が高いだけでなく熱烈なファンがいるため、無償でそのブランドを宣伝してくれる。ブランド拡張は、新商品を市場に出す際にブランド名を冠することだが、それによって新しい名前やロゴを決めるための市場調査やテストの費用、それを知らしめるための広告宣伝費など、通常かかるマーケティング費用が大幅に削減できる。

　子会社が親会社の強いブランドを社名に含めるのも、同様の効果を狙ってのことだ。だから、日立製作所では、「日立」のブランドを使う子会社・関連会社から、売上高に応じて一定の「ブランド使用料」を徴収している。スーパーや百貨店など小売・流通との交渉力も強くなる。それほどブランドの価値は大きいということである。それだけに、ブランドの価値を守ることは企業にとって重要だ。

　ルイ・ヴィトンでは、世界中で偽物を摘発するための情報収集を行っている。品質の劣る偽物が出回れば、ルイ・ヴィトンのブランド価値が下がる。ブランド価値を守るために膨大な費用をかけているのである。

フレームワーク　顧客にとっての「ブランド」の意味とは

　ブランドを顧客の視点から見れば、選択肢がいくつもあるなかで、競合他社ではなく、あえてその企業、その商品を選ぶ「手がかり（理由）」となるものといえよう。

　それでは、ブランドは、顧客にどんな「価値」を提供しているのか。ブランドのもつ役割は大きく分けて識別手段、信頼の印、シンボルの三つがある（図表4-9-2）。

(1)　識別手段としてのブランド

　ブランドの起源はノルウェー語の brandr（家畜に押す焼印）である。自分

図表4－9－2　ブランドが果たす三つの役割

〈企業にとって〉　　　　　　　　　　　　　　　　〈消費者にとって〉

識別手段	どういう特徴をもつものとして、識別されているか
信頼の印	何についての信頼感を与えているか
シンボル	どういう意味を与えているか

識別手段	どういう特徴をもつものを求めているか
信頼の印	何についての知覚リスクを減らしたいか
シンボル	どういう意味を求めているか

の牧場の羊と隣の牧場の羊を区別するためのもの、つまり、あるものが別のものと違うことを識別するためのものだったのである。

　人間は面倒を減らし、楽をしようとする生き物だ。新たに商品やサービスを購入しようとするとき、頭のなかでいくつかの選択肢を比較して何を購入するか決める。言い換えれば、このとき情報処理を行う。情報処理は脳の負担、つまりコストを要する。

　ある商品が良いものかどうかを正しく判断するのはむずかしい。これが投資商品のようなものになると、専門家でない消費者にとって大変な負荷がかかる。シャンプーのような日用品でさえ、新商品なら使ってみなければわからない。PCやオーディオ製品に無数にある（ように感じられる）機能をすべて把握するのは至難の業だ。専門性の高い病院や金融商品ともなると、もうお手上げである。消費者が正しい判断をするためにかかるコストを減らそうとするとき、複雑な比較作業のかわりに簡単な手がかりを探す。

　そこで、消費者が使うのがブランドである。名前を聞いたことがない会社の冷蔵庫を買うのはためらわれるが、パナソニックや日立の製品なら、ある程度の品質は保証されているだろう、と考える。一つひとつの機能や故障や不良品の率を調べてみたわけではもちろんない。だが、大企業であるということ、過去に買った別の製品の経験、口コミなど、さまざまな蓄積された情

報は頭のなかで統合され、一定の品質を保証するブランドとして記憶されている。現代人はみな忙しく、一方、商品数は膨大で情報も氾濫している。店に行って説明書を集め、店員や友人に相談し、比較サイトで評判を調べる。そんなことをしていたら、3カ月かかっても冷蔵庫は決まらないかもしれない。そんな労力のかわりに、ブランドという簡単で使いやすい情報を使おうとするのが人間である。

(2) 信頼の印としてのブランド

　商品と情報の氾濫する現代、消費者の情報処理負担は大きい。金融のようなサービス業の場合、情報収集・比較・選択といった意思決定過程は、さらにむずかしいものとなる。モノの財は目に見える、さわることができる、ニオイをかげる。つまり、事前に店で見たり、パンフレットで機能や性能の情報を探索して比較してみたりすれば、質を判断できる。工場でつくられるものの品質は一部の例外を除いておおよそ一定である。このようなものを「探索財」という。

　一方、サービスのコアの部分は基本的には形がない。歯科医院にせよ、美容院にせよ、銀行にせよ、サービスの多くは受けてみなければわからない。このように、実際に経験してみなければ質を評価しにくいものを「経験財」という。経験財であるサービスは、モノの財とは異なり、事前にパンフレットを集めてもわかることはたかが知れている。

　さらに、財が複雑で専門性が高くなればなるにつれ、経験してさえ本当に質が良いかどうかがわからなくなる。医療サービスを受けた後、とりあえず症状は収まったかもしれないが、最善の治療をしてもらえたかどうか、医学知識のない患者に確信はもてない。そのような専門性の高い財は「信頼財」と呼ばれる。金融サービスの多くは「信頼財」だ。自分の加入している生命保険の商品性を、正確に理解している顧客は、ほとんどいない。仕組みを理解しないまま、デリバティブ商品を購入した顧客も多い。消費者は医者に診

てもらっている間、金融商品を保有している間、確信をもてない不安な状態が続くのである。その不安を和らげる役割がブランドにはある。多くの人が良いものだと認めているブランド、それは自分の選択が間違っていなかったことへの確信、信頼と安心を与えてくれる。探索財、経験財、信頼財とその判断がむずかしくなるにしたがって、消費者はより信頼と安心の手がかりを求める。手がかりであるブランドが、より重要になるのである。

(3) シンボルとしてのブランド

　ブランドの三つめの役割はシンボルである。そのブランドを身につけていること、そのブランドを使用していることが、その人の信条や社会的地位や価値観の象徴となる。

　たとえばハーレーダビッドソン。ハーレーは、巨額の費用をかけた広告・宣伝なしで形成された、数少ないブランドの一つである。米国でホンダが手軽な移動手段としての二輪車、健全なイメージのバイクという新市場を創出したのに対して、ハーレーはまったく異なる路線でブランドを確立している。顧客がハーレーを所有することの意味は、移動手段をもつことではなく、大型二輪車唯一のナショナル・ブランドを保有している自分、自由で反逆者でマッチョな自分を表現する手段の一つなのである。ハーレーは、オーナーたちがツーリング途中で立ち寄ることのできる店を多数設けていて、そこに来る人々は、彼らだけが共有する価値観を分かち合うコミュニティを形成している。日本からの輸入車の攻勢による二度の倒産の危機を経て、他の二輪車メーカーにはない、特別なイメージと神秘性をつくりあげたといえよう。顧客はハーレーを「技をもって組み立てられた芸術作品」と見ている。

　日本の金融業界で、シンボルとしてのブランドを戦略的に確立しているケースはあるだろうか？

多くの人がそのブランドを使用していることが価値である場合と、逆に、少数の人しかもっていないブランドであることが価値である場合がある。

　その銀行の顧客数が多ければ多いほど、顧客の満足が増すケースは「バンドワゴン効果」といわれるものだ。いわば、「勝ち馬に乗る」「寄らば大樹の陰」的感覚である。銀行業界では、バンドワゴン効果は非常に大きいと考えられてきた。規制時代・金融不安時代を含め、長い間大きいことは良いことだったのである。しかし、感動を呼ぶような金融サービスがFinTechなどの新規参入者から提供されるなか、既存大手銀行のブランドは、「融通が利かない」「上から目線で顧客志向でない」「何かとめんどくさい」といったネガティブなイメージを形成してしまっている。大手金融グループもやはり、ブランドの再構築の時期に来ているのではないだろうか。

　一方、少数の人しかもたないことが価値である「スノッブ効果」もある。こちらは、世の中に使っている人が少なければ少ないほど、希少性から生じるベネフィットを感じるというものである。一流志向、独占欲、優越感などの欲求を満たしたい、唯一無二でありたい、という人間の心理がもたらす効果である。たとえば、クレジット会社のプレミアムカード。カードで支払をするときに人目に触れる特別な色のカードは富裕者の象徴である。そこに満足を感じる人々は、プレミアムカードの年会費が金銭的メリットより高くても気にしない。

事例1　ブランドランキング

　毎年、さまざまな機関からブランドランキングが発表されている。大別すると、経済的利益を含めたブランド価値のランキングと、非財務的な消費者の主観評価によるランキングの二つに分かれる。たとえば、前者では、イン

ターブランド社の Best Japan Brands がある。財務分析（企業の将来予測）によるブランドの役割分析（利益のうちブランドの貢献分）、そしてブランドの強度分析（ブランドによる利益の将来の確実性）をすることで評価される。2017年度の「Japan's Best Global Brands」ランキングでは、1位がトヨタ、2位がホンダ、3位がキヤノンである。金融では6位に MUFG（三菱 UFJ フィナンシャルグループ）、15位に東京海上ホールディングス、31位に野村ホールディングスが入っている（海外売上比率30％以上カテゴリー内のランキング）。インターブランド社のブランド評価でも第3段階では消費者の認知・好感度・イメージなどが考慮されるものの、もともと経済的利益を評価しようというものであるため、第1ステップの財務分析の結果に大きく左右される。大手金融グループがここにランクインするのは当然ともいえよう。

　一方、後者の非財務的な消費者の主観評価によるランキングでは、たとえば日経 BP コンサルティングのブランド・ジャパンがある。これは一般消費者（B to C）とビジネスパーソン（B to B）に対するアンケート結果からブランドのスコアを算出する。B to C の評価視点はフレンドリー（親しみ）、コンビニエント（便利）、アウトスタンディング（卓越）、イノベーティブ（革新）の四つである。2017年度の1位は、スタジオジブリ、2位が YouTube、3位が Amazon となった。B to B の視点は、先見力、人材力、信用力、親和力、活力の五つになっている。2017年度の1位がトヨタ、2位がホンダ、3位がソニーで、B to C、B to B とも金融関係は50位までに1社もランクインしていない。

　ブランド・ジャパンの評価軸（フレンドリー：親しみ・便利・卓越・革新）はどれも大手金融ブランドのイメージには当てはまりそうにもない。こういったイメージをもつのは圧倒的に他業界から参入してきた企業や、FinTech 企業群であろう。

208　　　　　　　第4章　マーケティング戦術

事例2	金融統合とブランド
	——名前を変えることで失ったもの

　金融ビッグバン以来、メガバンクをはじめとして、地域金融機関でも合併・統合の動きが加速し、生損保でも次々と新しい企業やグループが誕生している。しかし、この再編のなかで一つ不思議に思うことがある。「合併で企業名が変わってしまう」のだ。

　単に合併前の企業名を並べてつなげるだけのところもあれば、これまでとまったく関連のない名前にするところもある。まったく新しい名前をつける理由を聞くと、どちらか一方の名前を残すと、残らなかったほうの従業員のモチベーションが下がるからだという。元の名前をつなげるにしても、どちらの名前を前にするかで、またもめる。それならいっそのこと、まったく別の名前にしてしまおうという発想らしい。

　なるほど、従業員は重要である。しかし、もっと重要なことが忘れられている。

　「顧客」である。

　合併した企業の方とお会いすると、話題の中心は、人事ポスト・組織・制度などの主導権争いになる。部長ポストは当初50：50だったが次の異動で60：40になるらしい、福利厚生は低いレベルに統一された、ホストコンピュータはどちらのシステムが採用された、など。ところが、合併が「顧客にとって」どういう意味をもつかという話題はほとんど見受けられない。だれが主導権をとろうと、合併後の企業が顧客に見捨てられればそれで終わりだという意識はない。そういった「顧客不在」の象徴が、企業名の変更である。

　金融業界においては、個別の商品名がブランドになるケースはほとんど存在しない。長い間規制によって商品での差別化ができなかったという事情も

4－9　金融サービスにとってのブランド（有形化）　　209

あるが、そもそも金融サービスの性質自体が、「ブランド」＝「コーポレート・ブランド」という構図を生み出しているとも考えられる。金融サービスは、商品をその時々に単発で購入・消費するというよりも、預金にしても、ローンにしても、保険にしても、それを提供する企業との長期的な取引関係が前提となるため、消費者は、必然的に企業としての「ブランド」を求めることになるのである。

　企業の名前というものは、顧客にとって手がかり＝識別手段である。つまり、だれも聞いたことがないような企業名を新たにつけるということは、顧客がそれまでもっていた識別手段を失うことになるのだ。いまだに三菱UFJ銀行の「UFJ」が、「USJ（ユニバーサル・スタジオ・ジャパン）」と間違えられるというのは、単なる笑い話ではすまないのである。

　もちろん、ブランドが与える手がかりが明らかにネガティブな場合、企業名を変えることに意味はある。だが、自社の名前が、ブランドとして負の資産となっているか正の資産となっているか、合併に際してきちんとした顧客調査をしたうえで結論を導いた銀行はないだろう。富士、さくら、第一勧銀、三和、東海、あさひ（協和、埼玉）、大和、東京……。本来であれば、数十億円、数百億円の価値があるかもしれない資産を失ってしまったのかもしれない。

　その反省からか、近年の地銀の合併ではホールディングス傘下の銀行名を元のまま存続させるケースが増えている。国内の人口は減少しているが、銀行数は、いまだに多すぎる。また、銀行以外の金融手段の増加する今日、オーバーバンキング問題はより顕在化する。地域密着型の金融機関の合併・統合は今後も続くだろう。その際に顧客目線のブランド評価ができるかどうかが問われることになる。

　みずほ銀行の発足前、旧第一勧銀出身の若手行員がこういっていたのが、

210　　　　　　第4章　マーケティング戦術

いまでも忘れられない。「（新しい銀行名の社内公募で）僕は"富士銀行"って書いて出したんです。そのほうが、日本の銀行の名前として通りやすいし、覚えやすいじゃないですか。きっと、お客さまもそう思ってますよ」。

　合併して自社の名前がなくなると従業員の士気が下がる、というのは、はたして本当だろうか。ブランドをどうつくるべきか、その答えを導くには、顧客のみならず従業員にも（顧客に対するリサーチと同じように）「聞く」ことが必要であろう。

メッセージ

　ブランドとは、顧客がその企業を選ぶ手がかり（理由）になるもの。細心の注意を払って、顧客に受け入れられるものを構築し、正しく伝達する必要がある。

[参考文献]
片平秀貴（1999年）『パワー・ブランドの本質』、ダイヤモンド社。

[注]
⑴　Aaker モデル（1991）の一部を掲載。

4－9　金融サービスにとってのブランド（有形化）　　211

コラム6 顧客にとっての銀行の名前

　2001年8月12日の日本経済新聞朝刊「経営の視点」では、「消費者不在のブランド戦略」と題して、石油元売り会社の日石三菱（2002年6月より、「新日本石油」に社名変更）のブランド戦略を取り上げている。1999年4月に合併した日石三菱は、2001年7月、長い歴史をもち消費者の間に浸透している「日石」「三菱」のブランドを両方とも捨て、新しいブランド「ENEOS（エネオス）」に全面的に変更・統一した。これについて、「合併会社の内向きな論理をブランド戦略に反映させすぎれば、企業価値の喪失を招きかねない」と問題提起しているのだ。同記事は次のように締めくくられている。

　最近、各地の交番には、以前と同じ場所にある旧日石のスタンドと旧さくら銀行（現在の三井住友銀行）の支店が「みつからない」と尋ねてくる人が多い、という。企業側は「看板を掛け替えただけ」のつもりでも消費者がそっぽを向いていることは少なくない。

　実際に、エネオスがスタートしてしばらくの間は、日石が発行したカードをもった顧客が途方にくれたり、エネオスのマークを掲げたガソリンスタンドで、「ここにあった日石はどうなったのか」というような問合せが多かったりといったこともあったようだ。

　実は、三井住友銀行ではそれ以上の混乱も起きていた。合併後の店舗では、銀行本部の指示で、合併前のどちらの銀行の店舗なのかという表示がいっさいなかったのである。まだシステムが完全には統合されていなかったので、旧住友銀行のATMでは、旧さくら銀行の通帳が使えず、逆もまたしかりであった。

　ATMで長い待ち行列に並び、自分の順番が来て機械に通帳を差し込んだら、そこで初めて、自分の通帳がその機械では使えないというのがわかる、という事態が実際に起きていた。これではあまりに顧客に対して不親切だと思い、「お客さまサービス部」に問い合わせてみたところ、次のような回答が返ってきた。

　「同じような苦情はたくさんいただいているのですが、今後とも旧銀行名を表示する予定はありません。私どもは、4月から統合して一つの銀行になっています。お客さまからも、銀行内でも、旧さくら、旧住友という意識をなくす方針なのです」

212　　　　　　第4章　マーケティング戦術

対照的な例がある。

　英国のロンドンに本拠地を置く世界1位の広告代理店グループ、WPP 傘下のミルウォード・ブラウンは毎年ブランド価値のランキングを発表している。銀行業のトップ（2013～2016年）はウェルズ・ファーゴ銀行である。

　実は、ウェルズ・ファーゴ銀行は1998年に財政難に陥り、ミネアポリスを拠点とするノーウェスト銀行に買収されている。

　駅馬車の運行から始まって150年以上の歴史をもつウェルズ・ファーゴ銀行は米国人ならだれでも知っている銀行だ。そのブランドを生かすために、合併された側の名前を残すことを決断したのである。

　顧客は識別手段として企業名を使っている。それを銀行の都合で変えるのであれば、どのような手を打たなければならないか、そういった配慮は三井住友にはなかった。

おわりに

「カスタマーセントリック」の基本的な考え方は、「企業が、ある戦略や戦術を採用するかどうかという意思決定の基準を、顧客に置く」ことである。どんな戦略や戦術も、顧客が支持してくれない限り、必ずいつかは破綻する。企業が「こうすれば儲かりそうだ」と考えるときに、「こうすれば、こういう理由でこれだけの顧客が支持してくれるから、長期的にも、儲かりそうだ」というように「根拠」を顧客に求めるもの、それが、カスタマーセントリックである。

本書をここまでお読みいただいておわかりのとおり、カスタマーセントリックは単なる理想論ではない。

「顧客が本当に望むことを正しく理解する→企業としてやるべきことの優先順位を明確にする→成功確率の高いアクションを実行する→ 取引が増えて収益につながる」

という、企業が勝ち残るための「方法論」なのである。

この本の初版が出た2003年頃、金融業界はバブル崩壊後の冬の時代であった。何か新しいことを始めようとすると、必ず「費用対効果」を問われていた。ほとんどの企業で、マーケティングもその洗礼を受けていたのである。

初版で私たちはこう書いた。

「はっきりいおう。マーケティングの部署を立ち上げ、専担者を何人か置き、本当の意味でのマーケターとして機能できるようなスキルを身につけさせることは、費用対効果を問うレベルの話ではない。

マーケティングのスキルは、企業として絶対に身につけなければならない基本的なスキルであり、それに対する投資は、インフラへの投資とまったく同じ。お金がないからできないという類いのものではなく、お金を捻出して

でもやるべきことである。生き残るために最低限必要なコストなのだ」

　そして2007年の改訂ではこう書いた。「時代は少し変わった。金融庁まで
もがマーケティングという言葉を使い始めた。おかげでほとんどの金融サー
ビス企業が中身の巧拙はともかく顧客調査を体験した。ただ、まだまだ本当
にマーケティングを理解している企業は少ない」。

　経営トップに「カスタマーセントリックに基づく意思決定」の話をする
と、高い関心を示されるケースが多い。変化の激しい環境のもとで舵取りを
迫られる彼らにとって、ある意味当然のことかもしれない。意思決定の「拠
り所」として「自分たちの顧客がどう考え何を望んでいるか」という情報を
必要としない、という経営者は存在しないだろう。その意思決定に必要な情
報を提供するのがマーケティングの役割なのである。

　そして2018年の現在、金融は大きく変わりつつある。先進国経済の成長が
止まり、仮想通貨やFinTechの台頭に既存の金銭概念や銀行の存在意義も
揺るがされている。金融庁の方針変更、規制緩和の進展、Amazonや
Googleなどのネットジャイアントの金融参入はそうした時代の流れの表出
であろう。変化のスピードと規模は従来の比ではない。

　そのような状況のなかで立ち戻るべきはカスタマーセントリックの姿勢で
ある。多くのFinTech企業は既存の金融が満たせていない顧客ニーズに対
応する新サービスをつくりだしている。まだ20代のデジタルネイティブたち
が、既存の銀行への素直な疑問をビジネスに昇華させているのである。顧客
の望みを理解したうえで一歩先のイノベーションを起こさなければ、既存金
融機関の存在意義はなくなるだろう。

　そのためにどうするのか。ここから先は理屈ではない。「志（こころざ
し）」である。たしかに、マーケティングに本気で取り組むためには、経営
トップのコミットメントが必要である。しかし、従業員が「ウチの社長は、

おわりに

頭取は……、ウチの役員は……」といって愚痴をこぼしているだけでは、いつまでたっても自社は変わらない。

「カスタマーセントリックに変革する」その強い思いをもった人間が組織のなかにどれだけいるか、あるいはどれだけ増やすことができるか、それが、カスタマーセントリックな企業になるための大きなカギを握っているのである。

本書は前作の「カスタマーセントリックの銀行経営」をベースに、金融業界の大きな変化を受けて大きく書き換えたものである。前作がなければ、本書は成立しえなかったことはいうまでもない。前作の共著者である栗田康弘氏に金融業界変革の盟友として、編集作業や資料収集を根気強くサポートしてくれた丹野慎太郎氏に感謝の意を表したい。前作は長く金融業界の方々に読んでいただいたが、金融はすでに業界の境界をこえなければならない。本書での視点は金融サービスから、よりサービス業としての金融に移行したすることができたと思う。コンサルティング業務のなかで、また、前作へのフィードバックなどで、事例を提供いただいた金融業界、金融業界に疑問をもつ皆様にもお礼を申し上げたい。それらのフィードバックは、本書を書き進める動機づけになった。最後に、週刊金融財政事情での連載以来の長いお付き合いになる一般社団法人金融財政事情研究会の谷川治生理事には、最適なタイミングで本書の執筆・改訂のお声がけをいただき、多くの適切なアドバイスをいただけたことに心よりお礼を申し上げたい。

2018年5月

戸谷　圭子

メッセージ

　マーケティングは経営戦略そのものである。経営トップ自らが、それを本当に理解する企業だけが生き残ることができる。

事項索引

【数字・英字】

2：8の法則 ······················ 107
4 P ······································ 97
7 P ······································ 99
AI ······························ 128, 139
AMA（American Marketing
　Association）···················· 8
Best Japan Brands ············ 208
CRM（Customer Relationship
　Management）············· 10, 128
CS（Customer Satisfaction＝顧
　客満足）························· 63
CSR（Corporate Social
　Responsibility）················ 19
CSV（Creating Shared Value）····· 19
CIF（Customer Information File）
　································· 129
FinTech ················ 5, 25, 90, 137
FP ······························ 112, 117
heterogeneity（不均質性）·········· 38
IHIP ······························ 38, 99
inseparability（不可分性）·········· 38
intangibility（無形性）············· 38
JREIT ······························ 179
MCIF ························· 129, 135
Participants（顧客参加）·········· 101
perishability（消滅性）············· 38
Physical Evidence（有形化）······· 100
Place（流通・チャネル）············ 98
Price（価格）····················· 98
Process（提供過程）················ 100
Product（商品）··················· 98

Promotion（販売促進・コミュ
　ニケーション）················· 98
REIT ······························ 183
S→T→P→A ···················· 107
SNS ······························ 129
STPA ······························ 94
UI/UX（ユーザー・インター
　フェイス、ユーザー・エクス
　ペリエンス）··············· 90, 175
Win-Win ························· 171

【ア行】

アクション ······················· 96
当たり前品質 ····················· 86
アナット・バード ················· 198
アンカリング（係留）効果 ········· 59
アンチ・ブランド ················· 114
意思決定過程 ················ 132, 147
イノベーションの死の谷 ·········· 158
イノベーター層 ··················· 180
因果関係 ···················· 112, 133
インターネット・バンキング ······ 173
運用商品 ························· 34
エコシステム ····················· 20
オーバーバンキング ··············· 210
お願いセールス ················ 136, 199
オムニチャネル ··················· 175

【カ行】

外部情報探索 ····················· 148
カスタマー・ジャーニー ··········· 150
カスタマー・ジャーニーマップ ···· 152
カスタマーセントリック ····· 199, 214

カスタマーセントリック（顧客中心主義）・・・・・・・・・ 3，12
カスタマーセントリック度テスト ・・・・・・・・・・・・・・・・・・・・ 46
画像解析 ・・・・・・・・・・・・・・・・・・ 139
価値 ・・・・・・・・・・・・・・・・ 119，203
価値観 ・・・・・・・・・ 119，131，206
価値変動 ・・・・・・・・・・・・・・・・・ 33
カリフォルニア・フェデラル銀行 ・・・・・・・・・・・・・・・・・・・・・・ 14
カルフェッド ・・・・・・・・・・・・・・・ 14
感情価値 ・・・・・・・・・・ 21，26，74
感情的参加 ・・・・・・・・・・・・・・・ 75
機関品質 ・・・・・・・・・ 65，75，79
希少性 ・・・・・・・・・・・・・・・・・・ 207
期待 ・・・・・・・・・・・・・・・・・・・ 150
機能価値 ・・・・・・・・・・・・・ 21，74
機能的ベネフィット ・・・・・・・・・ 119
客観品質 ・・・・・・・・・・・・・・・・・ 55
キャピタルゲイン ・・・・・・・・・・・ 34
キャンプファイヤー（CAMPFIRE）・・・・ 26
共創 ・・・・・・・・・・・・・・・・・ 18，72
共創価値 ・・・・・・・・ ⅲ，20，74，76，171
共創マーケティング ・・・・・・・ 18，20
共通価値 ・・・・・・・・ 19，171，194
共通の価値 ・・・・・・・・・・・・・・ 200
共分散構造分析 ・・・・・・・・・・・ 113
興味 ・・・・・・・・・・・・・・・・・・・ 111
興味度 ・・・・・・・・・・・・・・・・・ 113
銀行代理業 ・・・・・・・・・・・・・・・ 30
金融オムニチャネル ・・・・・・・・・ 175
金融統合 ・・・・・・・・・・・・・・・ 209
金融ライフスタイル ・・・・・・・・・ 111
口コミ ・・・・・・・・・・・・・・・・・ 168
クラウドファンディング ・・・・・・・ 25
グリーン（GREEN）・・・・・・・・・・ 26

クレジットスコア ・・・・・・・・・・・ 123
経験財 ・・・・・・・・・・・・・・・・・ 205
決済口座 ・・・・・・・・・・・・・・・・・ 37
決済サービス ・・・・・・・・・・ 38，153
権限委譲 ・・・・・・・・・・・・・・・ 195
コア顧客層 ・・・・・・・・・・・・・・ 108
行動 ・・・・・・・・・・・・・・・・・・・ 132
行動心理学 ・・・・・・・・・・・・・・ 147
行動スタイル ・・・・・・・・・・・・・ 114
行動的ロイヤルティ ・・・・・・・・・・ 64
購買意思決定過程 ・・・・・・・・・・ 147
購買後評価 ・・・・・・・・・・・・・・ 150
コーポレート・ブランド ・・・・・ 79，84
顧客関係性マネジメント ・・・・・・ 10，19
顧客参加 ・・・・・・・・・・・・・ 99，159
顧客満足 ・・・・・・・・・・ 63，72，191
顧客ロイヤルティ ・・・・・・・ 64，167，193

【サ行】

サービス・エンカウンター ・・・・・ 36，41
サービス・ブループリント ・・・・・・・ 151
サービス・プロフィット・チェーン ・・・・・・・・・・・・・ 191，200
サービス・マーケティング・ミックスの7P ・・・・・・・・・・・・・・ 97
サービス財 ・・・・・・・・・ 31，41，150
再購買意図 ・・・・・・・・ 65，75，112
財務指標 ・・・・・・・・・・・・・・・ 100
参加者 ・・・・・・・・・・・・・・・・・ 191
サンプリング ・・・・・・・・・・・・・ 139
シーズ ・・・・・・・・・・・・・・・・・ 158
シェアリング・サービス ・・・・・・・・ 23
識別手段 ・・・・・・・・・・・・・・・ 203
事業性評価 ・・・・・・・・・・・・・・・ 35
資産運用商品 ・・・・・・・・・・・・ 156
市場機会の発見 ・・・・・・・・・・・ 159

市場導入（本番展開）………… 160

自動車ローン ……………………… 184

シナジー ……………………… 99, 101

収益額 ……………………………… 109

収益連鎖 ………………………… 192

従業員満足 ……………………… 193

手段と目的の逆転 ……………… 135

手段目的連鎖モデル …………… 119

渉外係 ……………………………… 5

情緒的（心理的）ベネフィット … 119

消費財 ……………………………… 99

（商品・サービスの）設計 ……… 159

（商品・サービスの）ライフサ

　イクル・マネジメント …… 145, 159

商品性 ……………………… 65, 77

情報探索 ………………………… 148

情報ヒューリスティックス ……… 149

消滅性 ……………………… 36, 100

深層面接手法 …………………… 120

シンプル（Simple）……………… 29

シンボル ………………………… 206

信頼財 …………………………… 205

信頼の印 ………………………… 205

心理セグメンテーション ………… 119

スイッチ意図 …………………… 68

スイッチコスト ………………… 68, 71

スーパーテラー ………………… 129

ステークホルダー ……………… 10, 21

スノッブ効果 …………………… 207

スマートフォン・バンキング …… 174

セールス ……………… 7, 115, 139

セキュリテ ……………………… 27

セグメンテーション ………… 94, 107

セグメント ……………………… 118

選択購買 ………………………… 149

相互作用 ……………………… 65, 75

ソーシャルレンディング ………… 123

属性 ……………………… 120, 131

属性情報 ………………………… 110

【タ行】

ターゲット・マーケティング …… 95

ターゲット・モデリング ………… 135

ターゲット顧客セグメント ……… 125

ターゲティング ………………… 95

代替案比較 ……………………… 149

態度 ……………………………… 132

態度的ロイヤルティ …………… 64

他人推奨意図 ……………… 65, 72, 75

探索財 …………………………… 205

地域密着型 ……………… 129, 210

知覚品質 ………………………… 55

知識価値 …………… 21, 74, 176, 194

知的参加 ………………………… 75

デ・マーケティング ……………… 35

提供過程 ………………… 99, 159

提供プロセス …………………… 101

データ・ウェアハウス ………… 129

データベース・マーケティング

　………………………… 129, 136

データマイニング ……… 129, 139

デジタルネイティブ世代 ………… 90

デジタルネイティブ層 ………… 174

テスト・マーケティング ………… 160

テラー ………………… 5, 47, 50

トーナメント方式 ……………… 149

投資信託 ………………………… 34

トライアル・リピート ………… 164

取引継続意図 …………… 65, 75

取引増加 ………………………… 168

取引増加意図 …………… 65, 75

取引振り ………………………… 109

【ナ行】

内部情報探索 …………………… 148
ナショナル・ブランド ………… 206
ニーズ …………………… 131, 158
ニーズ喚起 ……………………… 148
ネーミング ……………………… 160
ネガティブ7Pスパイラル ……… 103
ノードストローム ………………… 14

【ハ行】

媒介財 …………………… 32, 130
ハイカウンター ………………… 47
パレートの法則 ………………… 107
パワーセールス ………………… 156
バンドワゴン効果 ……………… 207
ビッグデータ ……… 128, 129, 139
ファンドマネジャー ……… 121, 124
不可分性 …………… 36, 100, 102
不均一性 ………………………… 102
不均質性 ………………………… 36
物理的参加 ……………………… 75
不満行動意図 ………… 65, 72, 75
プライム顧客層 ………………… 108
ブランド ………………………… 202
ブランド・ジャパン …………… 208
プリテスト ……………………… 160
プロセス ………………………… 100
プロファイル ……………… 39, 41
プロモーション ………………… 98
ベネフィット（便益） ………… 119
ポイント・サービス …… 81, 142, 163
ポジショニング …………… 96, 125
ポジショニングマップ ………… 125

【マ行】

マーケティング・ミックスの3P … 99
マーケティング・ミックスの4P
……………………………… 9, 97
マーケティング・ミックスの7P … 99
マイケル・ポーター ……………… 19
マクアケ（Makuake） …………… 25
マス・マーケティング …………… 94
マス顧客層 ……………………… 108
マルコム・ボルドリッジ賞 …… 63, 71
満足 ……………………………… 168
満足度 …………………… 67, 86
魅力品質 ………………………… 86
無形財 …………………………… 35
無形性 …………………… 35, 102
メイン化 ………………………… 155
メインバンク …………………… 151
メガバンク ……………………… 128
モノの財 ……………… 31, 41, 150

【ヤ行】

有形化 …………………………… 159
有形財 …………………………… 38
ユーザー・インターフェイス
（UI） …………………………… 90
ユーザー・エクスペリエンス
（UX） …………………………… 90
融資稟議 ………………………… 26
良い家計簿サービス ……………… 40
与信審査 ………………… 34, 137

【ラ行】

ライフサイクル・マネジメント … 160
ライフスタイル ………………… 131
ライフステージ ………………… 131

ラダリング …………………… 120, 124
レディフォー（Ready for）………… 26
ロイヤル顧客 …………………… 18
ロイヤルティ …………… 64, 72, 191
ローカウンター …………… 47, 54, 90

【ワ行】

ワン・トゥ・ワン ………………… 116
ワン・トゥ・ワン・マーケティング
…………………………………… 95

索　引　　　　　221

【著者略歴】

戸谷　圭子（とや　けいこ）

　株式会社マーケティング・エクセレンス マネージング・ディレクター。あさ
ひ銀行（現りそな銀行）出身。1999年金融サービス業に特化したコンサルティ
ングファームである株式会社マーケティング・エクセレンス設立。同時に研究
者として東洋大学、同志社大学大学院を経て、現在の明治大学専門職大学院で
サービス・マーケティングの教鞭をとる。金融マーケティングの最先端の研究
者であり実務家でもある。京都大学経済学部卒、筑波大学博士（経営学）。

カスタマーセントリックの銀行経営【価値共創版】

2018年7月11日　第1刷発行
(2003年6月5日　初版発行)
(2007年5月18日　改訂版発行)

著　者　戸　谷　圭　子
発行者　小　田　　徹
印刷所　奥村印刷株式会社

〒160-8520　東京都新宿区南元町19
発　行　所　一般社団法人 金融財政事情研究会
企画・制作・販売　株式会社きんざい
出 版 部　TEL 03(3355)2251　FAX 03(3357)7416
販売受付　TEL 03(3358)2891　FAX 03(3358)0037
URL http://www.kinzai.jp/

・本書の内容の一部あるいは全部を無断で複写・複製・転訳載すること、および
磁気または光記録媒体、コンピュータネットワーク上等へ入力することは、法
律で認められた場合を除き、著作者および出版社の権利の侵害となります。
・落丁・乱丁本はお取替えいたします。定価はカバーに表示してあります。

ISBN978-4-322-13266-3